私域裂变

引爆私域流量运营、转化、变现实战法则

张奔——著

中国商业出版社

图书在版编目（ＣＩＰ）数据

私域裂变：引爆私域流量运营、转化、变现实战法则 / 张奔著. -- 北京：中国商业出版社，2023.12
ISBN 978-7-5208-2765-2

Ⅰ.①私… Ⅱ.①张… Ⅲ.①网络营销 Ⅳ.①F713.365.2

中国国家版本馆CIP数据核字(2023)第236162号

责任编辑：杜　辉
（策划编辑：刘万庆）

中国商业出版社出版发行
（www.zgsycb.com　100053　北京广安门内报国寺 1 号）
总编室：010-63180647　　编辑室：010-83118925
发行部：010-83120835/8286
新华书店经销
香河县宏润印刷有限公司印刷

*

710 毫米 × 1000 毫米　16 开　12 印张　120 千字
2023 年 12 月第 1 版　2023 年 12 月第 1 次印刷
定价：68.00 元

* * * *

（如有印装质量问题可更换）

当前，在获客难、流量转化率低、引流成本高的互联网大环境下，电商的生存和发展也受到严峻的考验，举步维艰。面对如此境况，是不是真的就束手无策了呢？非也！本书将为您奉上私域流量裂变的方法，让您重拾电商运营的信心。

本书从私域流量的运营转化入手，分别从理论、裂变、个人IP3个角度对私域流量的崛起、获客成本和引流变现进行阐述；同时，结合实战案例，针对朋友圈、私域电商、微信社群、小程序、公众号、视频号6大渠道，对私域流量的转化方法和技巧进行全面系统的介绍。

本书将帮助广大读者通过构建和运营专属私域流量，实现最低成本的营销引爆。目前，本书的内容已经过两年多的实践验证，成功助力多家企业的销售额呈现指数级增长。

本书不仅适合电商、个体户和自媒体从业者阅读，也适合小微企业中高层管理者、创业者，以及陷入流量困境、转化率低和客户流失率高的企业管理者阅读。本书为大家提供了很多实操方法，有需求的读者朋友人人可学，拿来即用，没有任何专业壁垒，只要大家熟练掌握上面提到的方法，那么就可以轻松实现私域流量裂变。

切记：网络不是法外之地！遵纪守法才是成功的王道！

私域流量基础篇——运营转化

私域流量进阶篇——转化实战

私域流量基础篇
——运营转化

第一章　理论：个体私域流量的崛起

2020年，"私域流量"成为一个"网红"词，很多营销人都投入了大量时间和精力来研究它。百度指数相关数据显示，私域流量从2018年的默默无闻到后来的指数级爆发，用了不到两年时间。私域流量不是一个单独存在的概念，它是从社交电商和微商模式中脱颖而出的，其颠覆了传统的营销格局，代表着一个全新营销时代的来临。

私域流量兴起的原因及其优势

私域流量是指从公域（internet）、他域（平台、媒体渠道、合作伙伴等）引流到自己私域（官网、客户名单），以及私域本身产生的流量（访客）。私域流量是可以进行二次以上链接、触达、发售等市场营销活动客户数据。私域流量和域名、商标、商誉一样属于企业私有的经营数字化资产。《2020中国数字营销趋势》数据显示，高达62%的广告主表示，自有流量池是2020年最值得关注的数字营销形式，仅次于社会化营销。

王先生是一家电商企业的负责人，但最近他发现，原先做得顺风顺水的生意，如今销售业绩却出现了停滞。新客户增长非常缓慢，甚至出现负增长。而平台运营与之前相比并无差别，无论是重大节日，还是法定假期，他都会按照惯例组织一些相关的促销活动。

除了组织折扣很大的促销活动，有时运营平台还会设计一些类似拼团、砍价和抽奖的小活动来吸引新客户。过去，这些小活动都会带来不错的销售业绩和客户的增长，但现如今这些活动却收效甚微，其运营成本却越来越高。过去只需要一些小活动、小礼品、小奖励就可以实现吸引新客户的目的，现在却需要送出更高价值的礼品和奖励，活动还要有特色才能吸引客户关注。即便如此，新客户的增长还是寥寥。

事实上，新客户增长乏力，流量获取成本越来越高已成行业共识。究其原因，现在的消费者已经不再是过去的消费者，他们的消费行为已然发生了改变——由最初的探索趋于成熟，且更加倾向于自主选择。因此，电商企业的新客户增速才会如此缓慢，当年那种流量和客户都疯狂增长的场景已一去不复返了。

这种以往的任何运营方法仿佛都失效了的困境和变化，让很多电商企业、个体经营者丢失了运营方向，一时间不知道该何去何从。

比如，案例中的王先生已在日常运营中感受到了这种变化，原本的流量渠道失去作用，不能继续为店铺的经营提供源源不断的新鲜血液。

事实上，互联网流量的变化源自客户行为的变化，二者之间存在着紧密的联系。

当前，随着互联网技术的突飞猛进，客户的购买行为已发生了巨大变化，逐渐从盲从日趋成熟。如果仔细观察不难发现，当下网络流量大多集中在一些非常有影响力的"互联网巨头"手中，如淘宝、微信、抖音、"今日头条"等。当传统企业意识到流量的重要性，纷纷入驻线上平台，在互联网上安营扎寨，希望也能分得一杯羹时，他们对于流量的需求，也就直接造成了流量的稀缺和引流成本的上涨，以低成本获取流量正在成为一件越来越艰难的事情。

此刻，如果你正在一个全新的领域奋战，需要从线上获取一定的流量，那么即使客户流量很贵，也会想办法获取，但这只会导致成本越来越高，投入越来越大，却不能解决实质性问题。因此，要想获得更有用、更有价值的流量，就需要用对的方法和思路，而不是一味投入资金。

以国产智能手机为例，各个品牌的手机在本质上并没有特别大的差别，但销售情况却千差万别。那么，导致这种现象的原因是什么呢？就在于"客户留存"的不同。

以小米为例，小米通过其线下的米家旗舰店留住了更多的客户，引导和影响客户的购买决策，给客户留下深刻的印象。如果客户留存率低，那品牌就像一个满是洞的桶，不管往里面倒多少水，都会很快流失掉。而小米的产品性价比高，通过有效的客户沉淀，持续用产品吸引客户，最终形成良性循环，使小米的回购率越来越高。

　　小米的客户留存和商业营销模式取得了显著成效。不只是智能手机行业，在其他行业也出现了类似的商业模式，其不只是持续为客户提供好的产品，还可以实现精细化运营，让客户感觉品牌非常"懂"自己。

　　比如，某品牌商花了 30 元的流量成本吸引到了客户 A，最后客户 A 买了其价值 300 元的产品，即客户为品牌和产品带来了 270 元的消费价值。但若品牌商不去维护客户 A，当客户 A 再产生消费需求时，其很可能会被其他品牌吸引，那么对于品牌商来说就是一种极大的损失。但此品牌商若维护好与客户 A 的关系，如引导他关注品牌公众号、加入品牌微信群、添加个人号等，经常与其互动。如此，过一段时间，当客户想再次购买同类产品时，有很大概率会选择继续购买该品牌产品。这样一来，形成品牌黏性，持续为品牌创造消费价值。

　　关注"客户终身价值"能够给企业带来无限的增长空间。这种思维的转变意义重大。当前，随着市场竞争越来越激烈，流量获取成本也越来越高。这意味着，运营者的客户经营思维必须进行突破和创新，从获取新客户转向维护新老客户。

　　综上所述，私域流量带有信息化时代泛娱乐化和去中心化的特点。每一家企业、每一个人都是一个自媒体，信息内容在传播过程中会产生一个个节点。因此，节点化的信息流量成了争夺的焦点。无论是自己创建专属私域流量池，还是花钱获取流量，都成为当下每个企业关注的重点。比如，社群已经成为企业竞争的主要战场之一，不只是一些大型企业要组建社群，一些路边的摊贩也开始组建自己的社群，虽然社群看上去并不起眼，但社群线上营销的实效远超线下，这一点不得不让人刮目相看。

由此也可以看出，做大做强私域流量裂变的紧迫性与必要性。那么，做私域流量有哪些好处呢？

一、预防客户流失

本田汽车曾组织过一次"万人 PK 答题"营销活动。在本次活动中，本田汽车不仅讲解了很多有关产品和品牌的知识，还介绍了销售人员与客户的沟通技巧、新媒体营销技巧，以及规范接待客户的流程和如何进行客户满意度维系等，达到了让客户更了解产品、更好地体验产品服务，进而提高客户黏性的目的。

如今市场竞争激烈，客户忠诚度下降。针对这种情况，品牌商只有和客户建立良好的关系，才能让客户对品牌产生信任感，不轻易被别的品牌吸引，有效预防已有客户流失。

二、降低营销成本

小李在淘宝开店，通过淘宝平台产生了订单，有了销售业绩。但是客户下次再来购物的时候，还是先去淘宝平台，而不是先去小李的淘宝店，而且小李只能在产生订单的时候看到客户的邮寄地址及电话信息，此外再没有机会接触客户。因此，这个客户并不属于小李的淘宝店。

如果小李组建了自己的社群，那么他就可以把在自己店购买商品的客户拉到自己的群里，之后就可以将店铺产品信息随时发给客户，客户也会在第一时间掌握小李店铺的产品信息和营销动态。对于小李而言，做这些事只需要投入一定的精力，不需要花费像获得平台流量那样的金钱，大大降低了营销成本；而且那些愿意进小李社群的客户，事实上已经对小李产生了信任，他只要保证产品的质量就可以。试想一下，如果小李的社群有一万个客户，那么他的店铺一旦有活动，是不是可以实现近万人的浏览和关注呢？由此也会产生良好的营销效果。

这个营销案例说明，建立自己的专属私域流量可以用最少成本的投入，实现营销效果的最大化，只需与老客户保持联系，就可以节省一大笔广告和宣传费用，还可以让老客户为店铺带来新客户，实现新客户的有效精准增长，在不知不觉中实现裂变。在一般情况下私域流量是免费的，只需要把精准的客户引入自己的地盘，如微信社群、小程序等，转化成自己的流量即可。当然，还需要持续提供好的客户消费体验，否则客户也会主动离开。

三、丰富营销玩法

客户芳芳喜欢某个品牌的化妆品，是这个品牌的老客户，每当她看到这个品牌搞活动时，都会自发地分享活动信息。同时，她也自愿加入品牌商组建的社群，以便学习一些关于化妆的知识。而芳芳的朋友通过芳芳的分享，也有机会参与品牌商组织的活动，同时为了得到活动的红包和奖品，她们也会按照活动的要求，向身边的好友推荐，进而帮助品牌商实现裂变式的产品曝光。

这个案例就生动体现了互联网营销玩法互惠互利的原则。

当然，做私域流量营销的方法丰富多样，既可以让商家与客户之间的联系更加紧密，还可以让商家的活动达到更好的效果，轻松实现多元化的营销裂变。但是，如果商家输出的内容不能给客户提供良好的体验，那么也无法达到满意的效果。因此，让客户有好的体验，是进行营销活动的关键。

四、提升复购率

很多商家在组织营销活动时，对于只要是在自己的店里消费过的客户，都会主动添加他们的微信，把他们拉到自己组建的群里。通过这种方式，经常为客户提供一些折扣、代金券等额外服务，加深客户对店铺的印象，让客户再次消费时，第一时间就能想起店铺，从而有效提升复购率。

五、树立品牌认知

通过打造专属的私域流量，能够让客户更进一步了解品牌和产品，近距离感受服务，增加交流，为客户树立更加牢固的品牌认知，使其对品牌产生认同和感情。

公域流量和私域流量的本质区别

公域流量是公共的流量，是大海般的存在，任何人都可以使用；而私域流量则是私人的领域，是自家池塘般的存在，具有专属性。

常见的平台流量如图 1-1 所示。

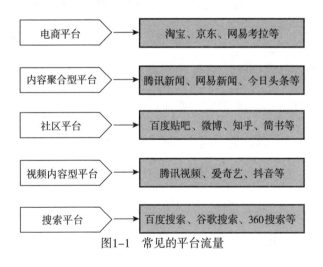

图1-1　常见的平台流量

商家如果想在公域流量中获取流量，只能通过举办营销活动、付费推广等方式进行，此外还要遵守公域流量平台的基本规则。在这种情况下获取的流量留存率较差，新客户即使被吸引来，也缺少忠诚度，很容易流失。而且在公域流量平台，商家只能依附于其上，自己没有自主权，无法自由开展营销活动，稍有过分举动就有可能被封号，非常被动。

公域流量平台会根据商家付费的额度，制订特定的推广方案，然后去执行引流推广。但这样做明显不利于商家，因为每次都需要投入资金，引流也不精准，有时候吸引来的新客户并不适合自己的店铺，这样留存率自然不高。

某品牌在互联网上推广时，选择了某公域流量平台推广，但该公域流量平台的客户涵盖各行各业，推广之后也许1000个潜在客户中只有10个是这个品牌的精准客户。

由此可见，平台流量太过泛泛，很难精准覆盖目标客户所在的群体。

百货商店每天人来人往，看起来流量很大，但真正进店的人或许并不多，大多数也许只是路过。比如，有100个人经过店门口，也许只有3个人进店，最后真正消费的客户或许只有一个人，也可能没有。

由此可见，公域流量看似很大，但留存率却极低。同时，公域流量也无法实现对流量的把控。而随着竞争的日趋激烈，每个商家都希望拥有一个专属于自己的流量池，从而保证自己能随时随地与客户联系和互动，不断提升客户的复购率。

如果在百货商店，采用私域流量的模式进行营销，效果如何呢？

假设每天有10个客户来咨询化妆品柜台的服务员，服务员可以引导她们加入自己的社群或者添加品牌的官方微信，这样就可以得到一个小礼品。然后，当客户进入社群或添加了品牌官方微信之后，不仅可以时刻关注店铺品牌的动态，还可以免费学到很多化妆知识。在这种运营模式下，会有很多新客户加入进来，她们会关注社群动态，看官方微信发布的内容，同时如果看到自己心仪的产品，也会下单购买。

从某种程度上讲，私域流量就是给自己的客户提供一个无形的共同空间，让客户因为共同的兴趣和爱好聚集在一起；然后再通过给客户推送精准的内容和信息，让客户近距离了解品牌和产品，最终实现转化。在此期间，店铺还可以不断培育客户，提升客户的忠诚度。

通常情况下，公域流量运营的模式比较简单，只需要花钱就可以实现。但它也有非常明显的缺点，即不仅所有的流量都要花钱，而且这种流量极不稳定，不可把控。而私域流量就意味着这些流量是自己的，可以留存在自己的社区圈层内，商家在几乎不用支付流量费的情况下，可以基于圈层需求专注于打造产品或服务，通过提升用户体验来获得高溢价。

私域流量的核心理念是把客户聚集在一起。而这样做的目的只有一个，不断提升客户的忠诚度、信任感，从而让客户不被竞争对手轻易抢走，让客户可以持续消费。简言之，就是让客户在首次消费之后，还可以持续不断地消费，从单一产品到整个品类，直至整个品牌，形成一个稳定的消费闭环。比如，一家酒店想吸引客户来入住，就要满足 3 个条件：

一是动机，客户需要住宿。二是成本，如客户有 500 元，这家酒店人均消费 150 元，客户有支付住宿费的能力。三是触发点：客户走到酒店旁边，看到酒店"吸引人的广告"。

要完成这个消费行为，以上 3 个条件缺一不可。而公域流量和私域流量最大的区别就是这 3 个条件出现的顺序不同。对于公域流量来说，动机可以驱动行为。比如，我想买一支笔，那么我就会去电商平台上买，可以选择淘宝、京东等。而在私域流量模式下，触发点可以驱动消费行为。比如，我喜欢某个品牌，这个品牌有一支笔是我喜欢的，所以我要购买这个品牌的笔。

在公域流量模式下，客户需要先产生一个动机，再触发相关的行动。比如，客户想吃外卖，那他就会打开外卖软件，再根据软件提供的信息开始点餐。在私域流量模式下，客户通过社群、微信、公众号、小程序等触发点，获得一个行为的动机。私域流量最终的目标是让流量池中的"人"能够重复消费，长期购买，这也是其商业本质。

私域流量是一个与客户强联系的载体，其主要的作用是客户管理。客户管理，即客户关系管理（Customer Relationship Management, CRM）。CRM 的主要含义就是通过对客户的详细资料进行深入分析，制定有针对性的方案和措施，提高客户的满意度，从而提高企业竞争力的一种手段。客户关系管理的核心是客户价值管理，即通过"一对一"的营销原则，满足不同价值客户的个性化需求，提高客户忠诚度和保有率，实现客户价值的持续贡献，从而全面提升盈利能力。

由此可见，私域流量和公域流量最本质的区别在于，私域流量会把客户管理和运营放在重要的位置。

适合做私域流量的产品

从操作层面来看，私域流量包括引流、营销、维护等环节。比如，一个朋友想做工艺摆件收藏的生意，那么该如何做私域流量呢?

首先，可以通过工艺品的投放获取流量。由于一般适合收藏的工艺品价值较高，目标客户会密切关注商家针对工艺品的投放过程，如有意向就会和商家官方的微信账号产生联系，大部分客户会选择添加商家官方微信账号，进入其私域流量接受服务。当客户进入私域流量池之后，商家销售人员就能与客户交流沟通，了解客户的收藏目的、收藏偏好等信息，并对客户进行精确分类，然后再通过大数据分析技术给客户提供相关工艺品的资讯。在这个过程中，系统会记录客户的浏览痕迹，若再出现客户可能感兴趣的产品，系统会自动推送该产品信息给客户，客户大概每隔一段时间就可能会进行复购。

再从客户视角来看，其是基于产品价值而来，所以产品需要体现个性化、专业化和定制化的特点，这才是关键。另外，客户需要与一个意见领袖、产品专家进行交流。而私域流量就是建立在强关系基础上的一种运营模式，所以商家必须在一些关键环节增强这种关系，提升客户价值，并让这种关系维持下去。

当前，我们已经进入一个存量客户争夺的时代。每个商家的每一位客户都时刻被其他商家吸引和抢夺。而应对这种争夺的唯一方法，就是建立自己专属的私域流量池，这样才能保证在未来的存量客户争夺战中立于不败之地。

虽然私域流量非常重要，但客观地说，并不是所有的产品都适合运营私域流量。一般来说，适合做私域流量的产品都具有以下几个特点。

1. 有话题性

某国产新锐彩妆品牌与某网络销售达人联手推出了一款定制单品——羽缎粉饼。众所周知，该网络销售达人是直播圈的热门人物，某国产新锐彩妆品牌与其联手，显著提高了产品本身的话题性，使得客户踊跃参与，进而与流量池的其他客户产生更多连接，这是私域流量的价值基础。所以，做私域流量的产品都要有话题性。

2. 有极大的利润空间

当下，随着人们生活水平的提高，"颜值经济"已经成为一种新的经济趋势，很多人都试图通过外力手段来弥补自己外貌的不足，于是，医美行业呈现蓬勃发展态势。

当然，医美行业"吃激素"般的急速畸形发展，也使得其弊端暴露得非常明显，如屡见不鲜的消费者整容失败案例报道，甚至闹出人命等恶劣医美事故层出不穷，让很多人对医美行业失去信任和信心，加之近两年受疫情影响，让医美行业陷入了短暂的"寒冬"，出现了老客户丢失，新客户没有的尴尬局面。

在这样的情况下，创建私域流量池，无疑是一个很好的选择。在私域流量池中，更方便医疗机构通过各种方式拉近与客户的距离，更好地与客户沟通和交流，赢得客户信任，实现精细化运营。因为整容属于高风险行为，所以博得客户信任并不容易，往往需要很长时间及付出很高的金钱成本，而医美的高利润让医疗机构"耗得起"，其有足够的耐心和金钱支撑其维护流量池中的客户，赢得客户信任，再通过一些安全且大力度的营销活动让老客户乐意分享、转发和宣传，进而为其吸引新客户，实现裂变。

3. 行业前景好

七普数据显示，与 10 年前相比，一孩出生人口下降了 35.2%。但是，母婴市场的规模却在持续增长，从 2012 年的 1.24 万亿元，增长到 2020 年的 4 万亿元。2021 年的数据显示，母婴人群平均在孩子抚养和教育上的花费总额为 5262 元 / 月，占家庭收入的比重为 20%~30%。[①] 而且预计占比依然会持续增长，这也从一个侧面印证着我国母婴行业的快速发

---

① 巴九灵（微信公众号：吴晓波频道）:《报告称养娃支出占家庭收入的30% 一线城市平均每月为孩子花费 6593 元》，2021 年 8 月 13 日。

展。所以,母婴行业非常适合通过做私域流量来运营。当客户在购买了商家的母婴产品觉得不错后,其会同意添加商家微信,进入商家创建的社群。一旦客户认为商家提供的产品对宝宝有益,且售后有保障,能经常享受折扣,那么其转发、分享商家母婴产品的意愿就会变得强烈,会选择向自己身边的亲朋好友推荐母婴产品,或者选择加入商家社群。此外,如果产品体验确实好,也会将产品分享至自己的朋友圈,为商家实现客户裂变。

4. 复购率高

从"需要复购"的特征可以看出,产品必须具备复购性这一特点,如果客户买了产品之后基本不用再买,那私域流量将不是"收入中心"而是"成本中心"。关于复购率的定量,需要大家在私域流量的实践中总结经验,有效提升复购率。

5. 具服务延展性

带有延展性服务的产品,非常适合运用私域流量模式运营,主要以产品为载体,在服务、售后、品类上做延展,增加与客户联系的机会,从而增大客户复购率。

6. 具内容传播性

内容传播,即产品或其品类能否在私域流量模式下不断生成丰富且高质量的内容,这些内容是否会让客户乐于讨论或产生共鸣。

7. 群体具深度共识

建立私域流量池，首先要判断目标客户群。如果是女性团体、粉丝团体等"深度共识团体"，则有很大潜力做私域流量。

女性群体的消费能力不容置疑，她们是消费的主力军，消费范围包括服装、美妆产品、母婴用品、儿童用品、妇女用品、保健品等品类，非常适合打造私域流量池。

除了女性客户外，喜欢某类产品的"发烧友"也特别适合打造私域流量池，如耳机、单反摄影、改装车等，是发烧友特别喜欢的产品，会在私域流量内形成凝聚力，特别有利于后期的精准维护和转化。

如果目标客户群在健康、教育等方面有着远超常人的深度共识，同样也适合搭建私域流量。可见，女性客户、忠诚客户、深度共识客户，在构建私域流量方面具有先天优势，客户黏性和凝聚力也高于其他类型的客户，具体如表1-1所示。

表1-1　适合建立私域流量的产品

品类	产品
服装	白领女装、大学生女装、垂直风格女装、高端女装、高仿女装、特殊材质女装、汉服等
美妆产品	美妆系列的所有产品
保健品	营养型保健品、减肥类产品、疾病辅助类保健品等
母婴用品	奶粉、婴幼儿辅食、母婴小家电、纸尿裤、湿巾、儿童绘本等
儿童产品	儿童文具、玩具、童装等

品类	产品
健身产品	健身类器材、食品等
宠物产品	宠物食品、用品等
生鲜产品	有机蔬菜、有机水果、牛排等
发烧类产品	单反摄影机、耳机、滑板、滑雪板、电子烟等

私域流量运营方法探究

私域流量的运营体系是一个环环相扣的过程，下面我们通过两个案例，来对私域流量的具体运营方法进行探究。

案例一

完美日记：公私合作组合拳

完美日记私域流量的增长主要依靠两个渠道：一是红包，客户在线上下单后，会得到一张"红包卡"，然后由官方账号引导客户关注公众号，添加客服微信号，进而邀请客户进群；二是门店，通过福利吸引到店消费的客户添加客服微信号，再用客服微信把客户拉进社群，之后便通过活动和营销不断地培育客户，并以打造IP的形式，有效影响客户的购买决定，让客户不断地复购。

案例二

良品铺子：公益活动促引流

从良品铺子官方公布的数据来看，良品铺子的营销数据很漂亮，其官方微博粉丝达 63 万，官方微信粉丝数达千万，活跃客户约 120 万。[①]

从 2019 年开始，良品铺子与中国敦煌石窟保护研究基金会启动合作，捐赠了首笔公益慈善款，并作出承诺：当年中秋节期间，每销售 1 盒良品铺子品牌月饼礼盒就捐 1 元钱，用于敦煌石窟的保护工作。

2020 年，良品铺子继续向中国敦煌石窟保护研究基金会捐款，用于生态防护林的建设，助力莫高窟风沙灾害防治，秉持保护敦煌文化初心。

2021 年，良品铺子将甘肃敦煌著名地标产品之一——李广杏"入馅"制作成月饼产品，将李广杏从两千公里之外的大西北送上广大消费者的餐桌。

2022 年，良品铺子再次与中国敦煌石窟保护研究基金会合作，捐赠公益慈善款 50 万元。[②]

通过社会营销，2020 年 6·18 休闲零食品牌良品铺子全渠道销售额

---

① 徐礼昭，何夏：《80%的企业都将死于不会玩"社群"？良品铺子的社群玩得很溜！》，搜狐网，2018 年 12 月 6 日。

② 参见《公益足迹深入大西北，良品铺子连续四年致力敦煌文化保护》，网易网，2022 年 8 月 27 日。

突破 5 亿元。[①]2021 年 6·18 全渠道销售额突破 5.5 亿元。其中主打爆款棒棒糖同比增长 266%，代餐零食低脂鸡胸肉同比增长 124%。[②]

打造私域流量常见误区

私域流量的意义，已被"反复触达"，其可以在任意时间，以任意频次，直接触达客户。私域流量已经成为线上、线下商业模式中非常普遍的运营手段，可以帮助品牌和商家搭建私域流量池，完善闭环的生态体系。私域流量的有效性主要取决于企业的构建、客户生命周期、投入精力、运营策略等因素，但很多人对私域流量的运营却陷入了误区，即大多只对客户进行简单的"圈养"，没有进行精准化的维护，从而导致私域流量运营的失败。大致来说，私域流量运营常陷入的误区有以下几个。

一、私域流量运营就是不停地加好友建群

很多人认为，私域流量运营就是每天添加好友、拉群，然后拼命在群中发广告信息。这是那些不了解私域流量如何运营的人的想法。他们

---

① 参见《案例拆解|良品铺子：用数字化体系抓住新零售风口》，搜狐网，2020 年 7 月 3 日。

② 参见《良品铺子618全渠道销售破5.5亿，儿童零食、代餐零食销量亮眼》，雪球网，2021 年 6 月 21 日。

不知道的是，这样做不但会引起客户反感，甚至还会被客户拉黑或令客户直接退群。这样的运营方式，是毫无意义的。也正是由于他们对私域流量的误解，使得他们很难理解私域流量背后更深层次的逻辑，也很难通过私域流量来实现自己的目标。事实上，任何没有深度操作的私域流量都只是死水一潭，即使加了更多的微信好友，也不可能赚到钱，因为私域流量的核心是价值输出。也就是说，在运营私域流量之前，要先弄清楚自己所创建的私域流量有什么价值，能给客户带来什么等。

二、私域流量类似于微商

商家如果在朋友圈发营销信息，在微信群里不停地打扰客户，那么这对于客户来说，和传统的微商无异。事实上，私域流量的运营并不只是简单粗暴的营销行为和方式，而是更倾向于打造一个有血有肉的 IP，有理想、有追求、有品质。所以，在运营私域流量时，从文字到图片，从图片到视频，每一个细节都不容忽视，要时刻保持新鲜感，让客户愿意看商家发布的内容，从而保证私域流量的活跃度和生命周期。

三、有私域流量就够了

运营好私域流量并不意味着放弃公域流量，新流量有一部分还是来自公域流量，毕竟那是流量集中之地。只有公域流量才可以源源不断地为私域流量池提供新鲜血液，这对于新产品的运营来说至关重要。只有在不断创造新流量的同时运营好私域流量池，才能实现新客户增加老客户黏性不断增强的运营效果。

四、私域流量适合所有产品

有些人认为任何产品都能通过创造私域流量池来进行销售，但事实并非如此，私域流量的运营投入与业务、产品属性密切相关。对于复购率高、容易刺激消费的产品，通过对私域流量的运营，能够有效延长客户的生命周期。但对于耐用品生产企业来说，可能会产生高投入低回报的现象，不适合运用私域流量模式运营。

五、私域流量就是变现转化

私域流量的核心是管理客户、培养友谊、建立信任和情感联系，最终实现自然转化。也就是说，私域流量运营重在运营的过程，是要和客户建立起一种信任、有情感基础的熟人式关系，然后在这个基础上实现交易，这是一种有温度、有情怀的销售模式，而非是陌生人式的生硬的变现转化方式。

第二章 裂变：保证极低的流量获客成本

我们知道，几乎每个客户都有很多个亲友，他们可以形成一个关系链。在这种关系下，如果有一个客户为品牌做宣传，那么就可能会影响扩散至其整个亲友圈，商家就能实现获客流量的指数级增长与裂变，这也是打造私域流量的核心商业价值所在。这种裂变方式能够快速高效地提升产品复购率，有效降低获客成本。

掌握裂变五要素，实现流量的增值

私域流量思维的盛行，让每家企业都学会了搭建私域流量，通过私域流量引流。但尽管有了流量，有时仍无法解决最现实的问题，即转化问题。在盈利的现实面前，再多的流量都是虚幻，客户为什么要传播你的活动？为什么要购买你的产品？这时又引出另一个概念——裂变，有了裂变，才能实现流量的增值。那么在进行私域流量裂变时，必须掌握以下5个要素，才能达到吸引精准客户，实现增值的目的。

一、利用信任裂变

从古至今，无论做什么生意，诚信永远是第一位的。品牌在吸引新客户的时候，也必须首先让客户产生对品牌的信任。比如，某蛋糕店设计了一个拼团抽奖活动，利用老客户的朋友圈通过分享实现拉新裂变，仅用了一周的时间就获得了数目可观的新客户增长。

蛋糕店的活动之所以取得了这样好的效果，主要在于整个活动裂变的过程中，其对客户的承诺始终是一致的，让客户对其产生了好感与信任感。此外，蛋糕店还在活动中开启了评价功能，让客户通过评论与商家互动，进一步感受到商家的诚意。由此可见，商家活动前后承诺的一致性会增加客户对其的信任感，从而有效提高裂变活动转化率。

二、利用利益裂变

某咖啡店策划组织了一场老客户裂变活动，这种活动很常见，即只要邀请到一个新客户，就能获赠一杯免费咖啡。也就是说，当老客户点咖啡时，可以顺便免费给朋友也点一杯。操作方式很简单，只需要进入咖啡店线上的活动页面，将页面分享给自己的朋友，朋友完善一些基本信息之后，就可以得到一张免费的咖啡优惠券，然后就可以利用此券在咖啡店喝一杯免费的咖啡。

类似案例中这种邀请有礼的活动很常见，很多品牌和商家都经常采用这类方法实现裂变营销。但无论具体怎么做，关键的一点是要让客户感受到实惠，商家获得新客户，二者能够实现互惠互利，从而达到活动的预期目的。

三、利用权威性裂变

利用产品获得的权威性认可来进行裂变也是商家常用的裂变方式之一，原因很简单，人们总是对一些资质证明、名人推荐和检测报告等经"权威"认证的事物产生天然的信任。所以，在这类私域流量的裂变中，一定要强调和展示自己产品认证的权威性，来增加转化率。但要注意的是，这种权威性必须建立在遵守国家法律法规的基础上，不能虚假宣传，商家能够提供真实可信的相关资质证明，这一点须格外谨记。

四、利用紧迫感裂变

例如，某眼镜店做邀请活动，只要老会员在规定的时间内邀请一名新会员，新会员就能获得一瓶润眼液，而这位老会员也可以得到一定数额的积分。类似这种活动，这家眼镜店一直在做，每次只需要更新和调整一下活动的内容即可，基本的规则不变，但每次都能取得不错的效果。原因在于，这家眼镜店给出的奖品非常有吸引力，而且老会员和新会员都有。

但关键的是，必须在活动规定的时间内完成拉新和加入的动作，才能获得奖品。这无疑给活动制造了紧迫感：一方面，让老会员产生了在规定时间内积极拉新的动力；另一方面，也让新客户减少了考虑的时间，乐意快速成为该眼镜店的会员。因此，每次裂变活动都能取得不错的效果。

五、利用技巧裂变

裂变有什么技巧呢？即要营造一种如果客户不选择我们的产品，那么就会产生痛点；如果客户选择我们的产品，痛点就会马上消失的感觉。这种策略在文案推广上屡试不爽。比如，知名的广告语，"怕上火，喝王老吉"。客户怕自己上火，就要喝王老吉，制造一种闭环的选择项。而这种闭环选择的推广方法，对于裂变能够产生很强的推动力。因此，在做私域流量裂变的过程中，不仅要关注一些关键的因素，如数据、策略、时间、增长率等，还要运用一些裂变的技巧。只有这样，才能更好地转化流量，达到预期的裂变效果。

用对裂变方法，获取源源不断的新流量

在流量稀缺的时代，人人都希望能够用最低的成本实现最有效的私域流量的裂变，包括不仅可以在短时间内看到裂变成效，而且裂变产生的新客户也很有生命力，可以成为新一轮私域流量裂变的力量，进而不断获得新流量。那么，私域流量裂变的方式有哪些呢？

一、常规类

私域流量裂变的常规方法主要有邀请有福利、签到、秒杀、砍价、拼团等。这些活动可以放在私域流量的入口处，形成一个流量的小生态，引导流量持续不断地进入。

某公司为了实现私域流量裂变，在公司的公众号上设计了一个互动小活动，在不到两天的时间里就增加粉丝近万名。现在，我们对这个活动简单地进行一下复盘。

【前期准备】

设计师将活动海报设计得非常简单，让客户看一眼就能明白活动的规则、目的和客户参与后能得到什么好处。这样做可有效激发客户的痛点，使其马上采取行动参与活动。在活动的文案上，安排了两个互动问题，让客户产生想去互动和回答的欲望。在海报的最底端，还加上了"快分享到朋友圈给你的朋友看看准不准吧"这样的句子，引导客户将活动分享到朋友圈。

通过活动复盘得出的相关数据显示，在参加测试的人中，男性居多，且年龄在 40 岁以下的人更愿意参与。所以，通过这些小互动游戏，公司知道了自己的种子客户群体是哪类人群，从而迅速将自己产品的后续推广活动的目标人群锁定在男性人群中。

【活动进行中】

活动刚上线的时候，新客户和粉丝的增长速度不明显，成效不显著。运营团队经过分析后认为，可能是客户在活动的参与过程中有些操作门槛，影响了其参与的积极性。于是，活动团队将客户需要手动输入的环节，直接改成选择题，大大减少了客户参与的操作步骤。调整后，新客户和粉丝增长的速度马上快了起来。

此外，某知名网站还举办过一次裂变活动，因为活动太过火爆而被迫下线，这个活动叫作"饲养手册"。活动裂变的核心简单有趣，客户不用动脑子，操作几个简单步骤就可以参与。这类活动有 3 个特点：一是主题简单，能够让客户在最短的时间里理解活动的意图，进而激发他们的参与动力；二是分享简单，通过一个转发链接就可以实现裂变；三是设计简单，小学生也能看明白，没有复杂的因素。

二、公益内容类

在私域流量裂变中，公益内容类算是一个比较容易吸引客户裂变的种类。

某互联网知名 App 曾做过一个公益 H5，这个 H5 一度刷爆了朋友圈，产生了极大的影响力。而该案例成功的原因在于，利用公益类的活动，有效刺激了客户参与的积极性。每个人都希望自己能够为这个社会做点什么，只是缺乏相关的渠道和载体，而这个活动正好满足了客户的需求，所以才激发了客户积极参与和转发该活动的动力。

在这类公益内容私域流量裂变活动中，设计策划时最关键的要素是用内容的细节展现受益人群为什么值得帮助，充分强调客户参与将为他人带来的好处。例如，在上述案例中，创作者将 H5 画面的仪式感制作得很强，不仅加入了声音和互动，将购买人的名字体现得很明显，并进行了爱心排名。此外，活动门槛低，让客户献爱心的行为也更容易实现。

三、活动类

活动类私域流量裂变比较常见，运用范围也很广泛。

例如，一家超市推出的活动是：让客户花很少的钱就可以买 10 张优惠券，每张优惠券都可以抵现金。事实上，客户买了这些优惠券之后，接下来就会想着如何将它们用掉，进而产生持续性的复购行为。此类活动裂变可以一直进行下去，也可以周期性地进行。通过有效的裂变，实现业绩增长，吸引更多的客户参与，形成良性循环。

通过这个案例我们可以看出，在做活动裂变时，要注意活动并不是针对所有人，也不可能影响到所有人，要用利益吸引精准客户，他们才是值得你付出"真爱"的人群，而不是期望得到所有人的关注。所以，在策划活动时，要先判断目标客户是谁、他们的兴趣点在哪里，然后再为他们量身设计一些"利益"，这样才能真正吸引到他们。

四、免费类

免费类私域流量裂变通常设计在私域流量的入口。比如，一些电商平台，经常会组织免费抽奖活动，奖品以优惠券居多，客户免费抽到优惠券后，就会去消费。但这种免费类的私域流量裂变并不是可以随便用的，还需要坚持两个原则：一个原则是要有价值，能够让客户心动，1元优惠券和100元优惠券显然对于客户的吸引力是不一样的；另一个原则是没有成本。比如，客户参与抽奖活动，并不需要花费金钱，电商平台也没什么成本，1个客户参与活动与1万个客户参与活动的成本是一样的。

由此可见，利用此方法实现私域流量的裂变，关键在于价值和成本，只有满足这两个条件，企业和客户才能实现双赢。

利用裂变活动，事半功倍

充分利用裂变活动，可以收到事半功倍的效果，如表2-1所示是某成人口才培训机构的一次裂变活动方案。

表2-1 某成人口才培训机构裂变活动方案

项目	内容
活动目的	公众号拓新，促进会员转化
活动奖品	超值VIP学习年卡

续表

项目	内容
活动价格	价格99.9元（分销奖励15元）
活动时间	12月1日至12月11日
活动效果	参与人数过万，累计付费转化5000人以上

活动的奖励是 VIP 年卡，原价 2980 元，分销活动价 99.9 元，分销奖励 15 元，设置了三阶分销任务奖励，如表 2-2 所示。

表2-2　活动奖励细则

阶段	奖励细则
一阶	邀请1位好友购买，获得5元现金
二阶	邀请8位好友购买，获得40元现金和169.9元的实物奖励
三阶	邀请排行榜1~3名，获得价值1680元的实物奖励；邀请排行榜4~10名，获得价值1198元的实物奖励；邀请排行榜11~30名，获得价值298元的实物奖励

这个成人口才培训机构的裂变活动取得预期效果，第一次做就带来了很多精准客户。在后续的活动中，他们又进行了一系列的客户沉淀维护，有效地实现了客户的转化，在整套裂变流程中有很多值得我们学习和借鉴的地方，具有很强的推广价值。

通过这个案例可以得出一个结论，一个成功的裂变活动需要把握以下 4 点：动机、种子客户、诱饵和逻辑闭环。满足这 4 点基本上就可以实现裂变，裂变的程度取决于执行和落实的细节。在案例中，公众号拓新，促进会员转化是动机，种子用户是老客户，奖品和现金是诱饵，最终客户沉淀维护形成逻辑闭环。

然而，无论计划多么完善，一个成功的刷屏活动仍然需要有利的时间、地点和人员。总之要坚守一个信念：总会有比现在更便宜、更有效的玩法，通过不断测试和快速迭代找到突破。此外，在裂变活动中，使用一些成熟的裂变工具，也可以达到事半功倍的效果，如表2-3所示。

表2-3 成熟的裂变工具

工具	介绍
建群宝	建群宝主要用于群裂变，优点是效率高，缺点是价格偏高。社群裂变的流程是：客户通过海报加入群→群引导转发→审核→发送海报内容给审核→通过。在这个过程中，需要两个功能：一个是活码系统，满群自动切换二维码，确保新客户能够不断进群，从而无限拓展群数量，不过通常每个群只能有100人；另一个就是机器人，新人入群自动欢迎、引导、检测等。不过大多数机器人都做不到智能识别截图内容，不能审核客户是不是按步骤完成了任务。要想保证审核的正确率，还是需要加入人工。 相较于一般裂变软件而言，建群宝的自动化程度比较高，群拉手功能可以把人数上限扩展到500人。不过建群宝是根据群数量来收费的，因为每个群都需要好几个机器人配合完成工作
进群宝	进群宝是微信二维码营销工具，同样用于群裂变。使用固定的群活码，每100人自动换新群，所有人都可以通过扫码快速进群。另外，进群宝可以导出所有群成员信息，自动去重并管理群内信息，快速提升营销效率
八爪鱼增长专家	八爪鱼增长专家用于社群裂变、社群托管、个人号托管。除了具有切换活码、自动回复、自动设置欢迎语和引导语、屏蔽小广告、自动拉黑等功能，还能提供详细数据分析，支持自动补群。但八爪鱼增长专家没有直播功能，如果多群直播可以用"一起学堂"
星耀任务宝	星耀任务宝主要用于服务号裂变，效率较高，价格中等。它的原理是自动创建并监测每一个客户的独立海报，如果有其他人扫描了该客户的二维码，满足奖励条件后即在公众号内直接将奖励回复给客户。因为这个方式需要生成带参数的二维码，所以只适用于服务号。另外微信现在加强了监管，服务号裂变的系数普遍下降了，容易被投诉
有机云	有机云用于社群裂变，服务良好，价格便宜。有机云的机器人可以设置成自己的微信号，也可以用自己的号自动加群内好友，再给自己的号引流，效果比较理想，并且机器人的反应速度比较快

续表

工具	介绍
海报工具	商家在做宣传时，需要提前准备好海报，虽然海报设计比较简单，但是对于普通商家而言，必须从零开始学习设计海报，掌握入门级别的海报设计工具。常用的设计海报的工具有Photoshop、创可贴等，利用这些工具对海报的图形和文字进行设计、排版
微信辅助工具	裂变营销的主阵地是微信平台，企业营销人员必须掌握微信营销工具，设置自动回复功能，当自己忙的时候，由机器人回复客户的信息。比如，可以让个人号自动接收微信添加好友申请，运营人员可以在第一时间接收客户的添加信息，与客户直接进行对话
直播	网络直播软件越来越多，在开展裂变营销时也可以考虑直播。直播突破了时间和空间的限制，客户可以随时随地收看关于产品的介绍。商家可以采用多群直播工具，在多个微信群同时开展直播，进行语音聊天或者直接发送图片、视频等
微分销系统	设置好佣金。客户/粉丝把链接分享出去后，有人买了东西，他可以获取一定比例的佣金，也可以发展分销商，若有分销商卖出产品，他也能拿到一定的佣金，以此来实现裂变

综上所述，企业在进行裂变活动时，必须事先制订相应方案，活动中适当配合使用一些简单的裂变工具，可以有效增加社区成员数量、品牌关注度和客户转化率，更重要的是可以有效提高产品的销售业绩。

自建"鱼塘"，构建专属私域流量

构建私域流量要有客户思维，能够为客户提供价值，有了这些核心理念，才能更好地运用私域流量。而运营公域流量与运营私域流量最大的区别在于，公域流量更侧重于前期，在前期阶段更注重转化的速度；

而私域流量则完全相反，更注重后期的客户维护。

比如，当一个小区只有一家早餐店时，不管食物好不好吃居民都会去买，但如果又开了10家早餐店，那么这个时候早餐店的老板就要考虑小区居民爱吃什么的需求，而不是关注会有多少人来吃早餐这样的流量问题了。简言之，构建私域流量的本质就是对客户进行精细化维护，只有这样流量池才能真正成为自己专属的、有生命力的客户池，进而促成销售和转化。

对于自媒体行业来说，流量的获取是运营的关键，否则一切都是空谈。就像带兵打仗一样，只有拥有的军队数量众多，才有可能赢得战争，单打独斗很快就会被敌方击败。所以，打造自媒体矩阵很重要，可以加速获取流量，而流量意味着更多的客户和粉丝的沉淀。各自媒体平台的推荐机制和粉丝类型都不相同，而自媒体矩阵可以有效避免平台差异带来的流量损失，最大限度地获取流量，不断拓宽流量池。

一、构建矩阵

当前是"眼球经济"时代，信息泛滥，视频、图片、文字等海量内容分散了消费者的注意力，使其变得碎片化。做私域流量如果只专注一个维度或维持一个频次显然不能跟上消费者的节奏。消费者的个人背景、生活阅历、职业特点和性格爱好都不一样，单一性质的内容，不能满足所有人的需求，所以构建自媒体矩阵尤为重要。私域流量简言之就是在各个主流平台都占一个"坑"，高密度、高频次地让自己输出的内容价值最大化，只有这样才能在信息的汪洋大海中实现客户留存、吸粉纳新和收益变现。

二、解决痛点

如果想快速上手运营私域流量，需要先搞清楚几个问题，如表2-4所示。

表2-4　构建私域流量快速上手操盘需要解决的问题

自我诊断	是否有必要建立私域流量？是否能通过私域流量获得收益，甚至提高投资回报率
定位场景和需求	明确产品定位与私域流量交流场景的关系，弄清楚客户的需求到底是什么
挖掘内容和运营模式	到底该如何开始运营，怎么吸粉，怎么互动，该为客户输出什么内容

三、获取流量

搭建私域流量池最重要的是引流，没有流量的私域流量等于空谈，所以运营私域流量，就要快速找到高度集中的潜在客户群体，通过一些方法和技巧，让他们成为自己的意向客户。那么如何获取流量呢？可以尝试通过如表2-5所示的几个渠道。

表2-5　获取流量的渠道

互联网流量	线上流量利用网络的实时性、无边界性进行广泛营销传播。商家可以通过公众号的内容、微信卡包的卡券投放、服务通知的推送、小程序浮窗等入口触达客户，与客户产生连接

社交流量	社交流量是通过个人和社交关系获取流量，包括社群运营、导购、社区团购、拼团、微信好友、朋友圈等。其中社群运营通过社群与客户产生连接；导购可以通过社交与客户在离店后产生连接，进而提升客流转化；社区团购和拼团则通过社交传播的方式、通过利益激励为品牌带来新的客户和订单
广告流量	通过付费广告、KOL（意见领袖）、IP内容等方式借助商业广告触达更多客户实现精准化获客，提高了获客效率。如微信公众号、小程序广告通过精准圈定客群，直击目标客户群体；而KOL（意见领袖）对其粉丝购买力的影响也是商业触点中的重要一环
线下流量	线下流量通过线下体验、服务的升级、门店时空的延展承接流量转化，商户可以通过门店、海报、互动大屏、一物一码等构建私域流量入口，实现商品与消费者之间数字化的连接

四、构建私域流量的误区

（一）私域流量需要培养

在这里有两点要提醒大家注意：第一，私域流量是要培养的。许多人建立私域流量都只是为了发广告和销售产品，想要快速成功和获得立竿见影的利益。但是，这种行为就像日常的朋友圈广告营销一样，每天广告营销"轰炸"，本质上就是在打扰客户，只会适得其反。

比如，微信终端的私域流量运营主要集中在微信个人号、企业微信号、微信群和小程序上，会产生大量的客户数据。品牌方需要根据客户的生命周期、客户的交易行为及客户与品牌之间有效的联系和识别，进行有效的数据管理，让对方知道你是一个真心关心他、懂他的人，而不是一个冷血的机器。

所以，运营私域流量需要长期情感关系的培养。商家需要先了解客户需要什么、痛点在哪里、如何与客户沟通互动，真正为客户提供价值和服务，与客户建立信任，客户才会愿意购买你的商品，因为他觉得你有温度、有情感，而不是推销机器。

（二）私域流量有成本

私域流量的运营和培养是关键，需要长期投入人员、精力和时间来维护，这是无形的成本。因此，私域流量的运营成本虽然低，但并不是没有。所以，要在前期做好成本核算，平衡客户维护和内容输出的投入比例。

综上所述，要想构建一个私域流量，必须围绕构建矩阵、解决痛点、获取流量3个重点，从精细化运营和洞察人性的思维出发，把其当作企业的战略性工作来做。

五种渠道，全网精准引流

淘宝店主刘小姐，每次发货时都会在包裹里添加一张卡片。当客户收到货后，打开快递盒，会发现除了产品之外，还有一个精心准备的小卡片，上面写满了祝福的话语。客户看到之后，通常会非常开心。有很多客户会主动添加卡片上的微信号。如此一来，刘小姐便可以通过微信对客户进行多次转化和服务。

以上案例介绍了电商淘宝店主做私域流量的引流方法。

王先生是卖化妆品的微商，他准备做一场活动，于是设计了两个引流方案：

方案一：将产品分类，设置 3 个级别，然后通过转发获得抽奖的参与权，给微信生态系统引流，只要添加微信号就可以得到一些奖品，客户会更愿意添加。

方案二：转发店铺的产品海报和二维码让大家来点赞，然后添加微信兑换产品。

此上案例为微商做私域流量的引流方法。

两种方法各有其优缺点。第一种参与方式，也许存在客户中奖，但这种情况不是每天都会出现，如果每天都有人中奖，那么商家的成本会增加。但如果总是无人中奖，那客户也就没有参与的热情了。第二种参与方式，可以调整兑换的人数，如果添加商家微信的客户比较多，那就要对奖品的数量进行调整，对客户价值进行估算，看他们能带来多大的利益，然后再确定奖品的数量。这需要精准地计算和预估，才能准确把握推广的成本。

在某个分销交易平台，商户可以将产品免费上传到平台开店，且产品会同步到个人专属的小程序店铺中。客户购买的时候，无须下载软件App。商家直接将小程序店铺的链接发给客户即可，并承诺不发货可直接退款。这样做保障了客户的财产安全，客户购买的概率会更大，转化率更高。商家在上传产品的同时，可以添加产品的代理佣金，使扫码关注店铺的客户可以看到每件产品的佣金是多少，客户就可以利用软件的一键转发功能，转发到朋友圈进行分销赚钱。

通过这种佣金分配的方式，成功将消费者变成客户，又把客户变成代理商，实现利益的连接，进而扩大自己的私域流量池，卖更多的货。

此案例讲述了社交电商做私域流量的方法，通常社交电商会借助第三方软件，通过各个平台把流量引流到自己的私域流量池中。

综上所述，私域流量引流可以通过多种方式来实现。商家需要找到最合适的一种方式，然后与第三方分发平台相结合，迅速扩大流量池，这才是最重要的。下面就为大家介绍一下私域流量具体的引流渠道。

一、他人私域引流

很多培训机构都喜欢和其他相关机构合作，特别是在招生的时候，以实现引流。比如，音乐类的培训机构会和数理化类的培训机构合作，因为音乐和数理化并不冲突，却可以把别人的私域流量池中的流量引流到自己的私域流量池中。这种引流方式适用于早期，流量贵且缺乏资金的情况。

二、微信生态引流

微信生态引流的优势非常明显，即速度快、自动化程度高、黏性强。公众号的粉丝之所以关注某公众号的内容，是因为他们对那个公众号的文章和调性是比较认可和熟悉的，已经有了信任感，后期容易转化。

三、营销裂变引流

某公司制作了一张海报，告诉老粉丝，如果他们能带来新粉丝，就可以得到相应的礼物。为了得到奖励，老粉丝自然会想方设法帮助公司进行推广。要想做到这一点，商家需要拥有利他思维，站在客户的角度思考问题。客户自发传播产品的优势，如表2-6所示。

表2-6　客户自发传播产品的优势及原因分析

客户自发传播的优势	原因分析
客户获取成本降低	客户通过分享，带动自己的亲戚和朋友一起使用，降低了新客户获取的成本
不断获得更多客户	客户分享之后，只要不删除，就会存在于他的朋友圈，别人可以随时看到
产品推广传播效果好	因为客户已经使用过了，所以这样的分享推广口碑传播效果非常好
客户对产品黏度增强	客户分享，代表客户认可这个产品，后续还会复购，转化率自然会提升

本案例中的裂变是通过朋友圈或社区海报分享内容，然后奖励新老客户，从而实现以旧带新、以新促旧的循环。因此，如果想组织一场成功的引流活动，就需要为老客户和新客户展示引流的好处。

那么，一个产品自发传播的原因是什么呢？既然是客户自发传播，那么这至少说明有一种动力可以促使客户传播。通常，吸引客户的因素主要有两个：直接的兴趣驱动和满足客户的心理需求。这也是客户对产品进行传播和裂变的重要因素，而在策划活动的时候，也要考虑这些因素。

四、活动推广引流

线上活动引流更多的是通过微信裂变，而线下活动引流的常见形式则是地推、公司组织的低价活动、赠送礼品等活动。

对于细分行业来说，线上获客不太容易，而在线下更容易接触到自己的客户。因为线下活动有活动的主题和可见的形式，客户在参与活动时有现实感，有利于建立长期稳定的客户关系。

五、供势热点引流

2020年7月1日，被称为"史上最严"垃圾分类政策的《上海市生活垃圾管理条例》正式实施。[①] 根据垃圾管理条例，垃圾未能分类投放最高将罚款200元，单位混装运最高罚款5万元。被垃圾分类"折磨"的上海人，为了避免垃圾混装，每个人都学会了垃圾分类。垃圾分类这个痛点产生之后，也催生出很多的商机。关于垃圾分类的周边产品，大概包括以下几种：垃圾桶、垃圾袋、垃圾粉碎机、垃圾分类玩具、垃圾分类包等。

---

① 参见《2020热点："史上最严"垃圾分类措施，你支持吗？》，搜狐网，2019年8月29日。

　　这些被垃圾分类带火的产品，其销量在短期内都得到了不错的提升。任何一个电商平台都可以利用这些周边产品为自己的私域流量引流，而商家要做的只是在平台变现的同时，将已成交的买家转换成自己的粉丝，借助热点的流量为自己的私域流量池蓄水。

第三章　个人IP篇：私域流量引流变现攻略

　　个人 IP 就是个人品牌，其在现实中的意义就是指某个人在某一领域具有专业性，在该领域内拥有超出常人的认知和价值，也有绝对的话语权和说服力，能够充分获得他人的信任。依靠着这种信任，个人 IP 打造着不仅能够扩大自己的影响力，提高核心竞争力，而且能够快速实现，让自己名利双收。而对于私域流量，打造个人 IP 则有利于实现长期转化运营，成为"个人 IP+ 私域流量"新时代商业模式的红利受益者。

打造个人 IP 的优势

　　王女士最近一直在做抖音运营，月收入近两万元。目前，她的账号拥有近 30 万粉丝，现在她开始策划第二个抖音账号，准备形成矩阵营销。在朋友的建议和指导下，她从一个不懂行的小白逐渐成长为一个拥有热门产品和个人 IP 的行业大咖。

　　个人 IP 是自我流量的人格化，即把 IP 当成一个"人"。不仅如此，很多IP产品都是拟人化的。比如，迪士尼的卡通人物唐老鸭、米老鼠，以及柯南、熊本熊等，都是大IP。由此可知，只要在某个领域具有影响力，每个人都可以拥有个人IP。

简言之，个人IP是指一个人的价值观通过内容和标签进行宣传和展示后形成的特定认知或印象。对其所有者来说，个人IP是一种无形资产，使其可以更容易地与周围的人建立联系、信任，带来溢价和产生增值。

个人IP和个人品牌最大的区别在于，个人品牌是时代的产物，而个人IP则是一个新概念，离不开个人的魅力和实力。因此，个人IP是针对个人而存在的。在互联网媒体发达的今天，每个人都是自媒体，每个人都可以像案例中的王女士那样拥有自己的IP。

建立强大的个人IP的优势在于，个人IP主导的内容会对目标人群形成吸引力，而且主导内容会成为目标人群的共同属性。在互联网时代，一旦树立起个人IP，就可以通过自己的影响力，去实现自己的梦想，认同你的粉丝会为你的梦想助力。简言之，创建个人IP主要有以下优势。

一、赢得信任

某知名主播在直播的过程中，通过给粉丝发红包、抽奖等方式来吸粉，还会在粉丝面前公开抨击一些社会不公平现象，充分发挥"创业达人"和"励志大哥"的人设作用。随后，这位知名主播在粉丝足够多的情况下，策划了一场极轰动的营销事件，获得了数目可观的收益。

上述例子中的主播在拥有粉丝信任的前提下，去做一些促进转化的事情，是很容易实现变现的。可见，任何商业的本质都是建立在信任的基础上，这是任何营销手段都无法比拟的，私域流量运营也不例外。

现在通过自媒体平台建立个人 IP 和品牌的人越来越多，可以很好地解决客户信任问题。如果有个人 IP，客户会迅速完成了解的过程；如果没有个人 IP，客户则要花费更多时间、精力和金钱去熟悉和理解品牌或个人。与传统广告相比，人们更愿意选择相信有血有肉的人，这就是个人 IP 的价值和魅力所在。

二、低成本运营

"老干妈"的创始人陶华碧就是一个大 IP。她有一个人人皆知的产品主张，即"只做一瓶好的辣椒酱"，这让"老干妈"赢得了无数客户的信任和支持，她也被网友戏称为"国民女神"。

这个案例告诉我们，个人 IP 可以代表一个公司，拥有大量的粉丝，那些直接或间接关注他们的人都是他们的私域流量。我们现在熟知的名人，包括明星、网络名人、知名博主等，都是拥有私域流量的个人 IP，甚至对于一个普通人，也可以建立自己的个人 IP，来不断扩大自己的影响力，凸显个人价值。

现在是一个自媒体的时代。一个人就是一个信息发布源，可以通过声音、视频、文字等形式向外界发布信息。只要有个人定位和高质量的内容输出，就可以创建自己的个人IP，不断强化自己的定位，向受众输出有价值的内容和信息，然后通过各种推广平台提升自己的影响力，慢慢就会成为一个拥有流量的个人IP。

三、快速转化

可口可乐公司是一家制造饮料的公司，现在却变成了一家"好玩＋梦想"的制造商，它从饮料供应商转变为内容提供商和娱乐公司，已经实现了跨界。比如，可口可乐公司通过在世界各地开展各种营销活动与赞助项目，释放出"幸福与梦想"的品牌理念，吸引了一大批拥有共同理念的客户和粉丝聚集在一起。

目前，在互联网常见的变现方法中，个人IP的变现成本最低。无论是广告、数据、信息还是增值服务，都需要成本的投入，但是IP只需要运营好"自己"就可以。这种变现模式以个人信任为前提，没有沟通成本，也不需要打广告。在个人IP营销模式下，一旦与客户建立了信任，很多营销活动就会变得特别简单，这就是打造个人IP的意义。

从抖音短视频平台，不到6个月的时间里，"只穿高跟鞋的汪奶奶"在抖音上收获超过1400万粉丝；以孙子的视角，拍摄日常搞笑视频的"我是田姥姥"粉丝数达到1608万；入驻抖音没多久的时尚爷爷"末那大叔"，已成为千万级达人；前不久，在田间地头，拍摄无厘头、接地气幽默视频的"三支花"也吸引了超过 350 万新粉丝。

如何打造个人 IP

汪奶奶、田姥姥、北海爷爷、三支花、耀杨他姥爷、奥利给大叔、本亮大叔……自媒体平台上不断有"银发网红"涌现，一批拥有千万级粉丝的网红在抖音、快手中成长起来。

这些人成为具有知名度的网红，除了运气外，也都有一定的 IP 运营理念，主要表现在：一是特性，真人出镜，无论谁也无法替代；二是权威性，因为制作短视频的专业性，因而产生了领域内的权威性；三是崇拜性，在某个领域，这些人的说话方式和表达特点都深深吸引着观众。

简言之，打造个人 IP 的五大属性如表 3–1 所示。

表3–1　打造IP必备五大属性

打造IP的属性	具体分析
具有完善的知识体系	价值输出内容
高曝光的传播途径	通过各种渠道把内容输出给粉丝
系统的运营思维	分阶段、分节点做活动运营等
种子客户、种子客户是非常重要的核心点	种子客户越多，裂变效果越好
好看的形象和有趣的灵魂	形象包装得体，获得粉丝群体关注的概率越高，毕竟这还是一个"看脸"的世界。除此之外还需要有趣的内容，抖音之所以这么火，离不开大量有趣的内容

那么，该如何打造个人 IP 呢？

一、沉淀期

在短视频平台上做私域流量，必须满足信任感、有需求和购买力这3 个要素才能实现流量变现。因此，某位知名主播 A 在做初中数学教学短视频之前会先做好两件事情：建立信任感和刺激客户需求。和拍日常花絮的短视频不一样，这位知名主播 A 的目标是为了流量变现，那么拍视频就不能随意而为，必须足够专业，因为只有这样才能拍出爆款视频，吸引粉丝的注意力。

（一）定位垂直

所谓定位垂直，主要指两方面：目标人群垂直和内容垂直。目标人群垂直就是用于打造个人 IP 的内容受众垂直，只要能服务某一类人群就能获得巨大的流量扶持，而且目标人群的标签属性越清晰，越符合平台智能推荐的精准算法。这位知名主播 A 的目标人群非常垂直，即那些想要学好数学的中学生。

短视频后台大数据会给每一个客户贴属性标签。例如，根据客户填写资料的年龄，判断客户是否为中学生，如果是中学生，那么这位知名主播 A 的视频定位就是针对中学生群体的，那么后台便会把这位知名主播 A 的视频推送到这个中学生的页面。如果目标人群不垂直，那么平台就很难把视频推送给精准人群，而在早期流量不多的情况下，每一个推荐机会都很珍贵。如果这位知名主播 A 一会儿讲英语，一会儿讲数学，一会儿又讲其他，那么这些中学生就会失去关注的兴趣，这样这位主播就无法做到精准引流了。

（二）人设鲜明

只有创建独特的个人 IP，才能更好地获得流量并将其转化为粉丝，然后以各种方式变现。简言之，与众不同的人设是为了创造一个令人难忘的形象，有利于吸粉及变现。

总体来说，清晰的人设能够解决 3 个重要问题：我是谁？我该做什么？粉丝们为什么关注我？下面分享一下塑造鲜明人设的 4 个有效方法。

（1）鲜明形象。IP 形象是品牌文化的载体，就像一个活生生的生命体，具有性格和"三观"，与品牌的消费者或传播环境密切相关。比如，某儿童医疗机构的 IP 是一个卡通机器人形象，取名小飞侠。为何塑造这样一个人物形象呢？这与医院的性质和企业的文化紧密相连。首先，儿童的健康问题，一直是家长最担忧的事情，很多家长都希望自己的孩子健健康康、体质出众，而机器人的形象经过多年动画片文化的熏陶，已被大家熟知。其次，结合品牌的定位与多方考虑，最终儿童医疗机构设计了 IP 小飞侠的形象——一个身体健康、性格活泼，但同时又有点呆萌小可爱性格的小孩。形态上，小飞侠采用了圆润丰满的体型和可爱的表情，加强了萌萌的效果，红色的披风又将医院服务的特色和小朋友治愈后的活力展现了出来。

（2）标签精简。短视频和长视频最大的区别在于时间，这决定了短视频设计创作不能像制作传统影视作品那样去创造复杂的人物形象，只需提炼出几个最突出的特征即可。比如，一个青少年可能对同学和蔼可亲，对父母叛逆，对大自然好奇，对未来迷茫。这种复杂多变的人格特质在影视作品中非常容易体现，但在短视频中却很难在十几秒甚至一分钟时间内有效展现出来。因此，最好精简标签，只围绕人物一两个突出特征来打造个人IP，方便人们记住和识别。

（3）风格统一。一旦建立了个人IP，就不能轻易改变，长期保持一致的风格才能引起粉丝注意，形成稳定清晰的形象。所以，在选题策划的过程中，要考虑视频内容是否符合人设需要，不能盲目跟风。通过不断制作与个人IP风格高度一致的视频内容，来不断强化粉丝对个人IP的认同和印象，才能形成具有黏性的粉丝关系。

这里继续以上述介绍过的知名主播A为例进行说明。教育领域中的知名主播A在风格统一方面几乎做到了极致，他每次出境都是同样的装扮，声音语调几乎不变，时间长，他这种固定的风格就可以牢牢占领粉丝的心理。知名主播A在风格统一方面，突出的做法如表3-2所示。

表3-2　知名主播A风格统一的具体做法

着装风格的统一	穿同样的衣服保持不变，这种装扮在明星企业家里面非常普遍。比如，苹果创始人乔布斯的牛仔裤和黑色上衣
标志物的统一	黑板、篮球和麦克风，这三样标志物，给知名主播A带来非常强烈的辨识度

（4）选题要有价值。通过研究知名主播 A 的所有视频，我发现他在内容选题方面非常讲究，主要有以下 3 个特征。

第一，选题"有用"比"有趣"和"有情"更重要。

很多专业人士信仰个人 IP 一定要"有感情""有趣味"，这没有错，但在教育领域，"有用"显然比"有感情""有趣味"更重要，主要原因有两个：一是很多"有感情""有趣味"的个人 IP，流量变现手段主要来源于植入式的品宣广告。二是作为一个教育短视频号，粉丝关注知名主播 A 的主要目的是学习初中数学知识，"有感情""有趣味"只是顺带的。所以，个人 IP 变现最靠谱的做法就是提供有价值的内容，解决客户的某个核心痛点，这个痛点越"痛"，短视频变现的能力就越强。

第二，选题蹭对热点很重要。

如今是互联网流量时代，流量争夺就像大型比赛，人们习惯于把注意力放在吸引眼球的热门话题上，谁能够先抢到客户的注意力，就意味着谁在流量上抢占了先机。

打造个人 IP 的本质就是意在用自己的内容吸引客户关注，来抢占流量先机，得到尽可能多的变现机会。而想抢占先机吸引客户关注的最常用的方法就是蹭热点。

热点一般有三种：一是突发的热点，如国内外重大突发事件；二是常规的热点，如节假日和大型赛事；三是一些预判的热点，比如某电影快要上映，预估口碑可能会爆棚。对于突发性热点，因为太过突然，反应时间短，如果把握不好，很容易出问题。而常规性和预判性热点则是可以提前准备的，有充足的时间。从知名主播A的系列短视频中，可以学到两种蹭热点的方法，如表3-3所示。

表3-3 知名主播A蹭热点的方法

蹭考试相关的热点	临近中考、高考这段时间，是所有短视频老师的热点黄金期，知名主播A自然也不例外，他这段时间的所有视频都跟高考有关，比如"为了高考努力吧！""下个月就要中考了，我的数学考不及格，还有救吗？""中考来了，再不努力就没书读了"等
蹭节假日相关的热点	中秋节的时候，知名主播A办了一个粉丝福利活动，即视频的留言区留言赞数最多的粉丝会得到知名主播A免费邮寄的一份家乡生产的月饼，这个活动给知名主播A数学课堂带来近万人的新粉丝

第三，优化要依托数据。

通过数据优化打造个人IP。依托数据分析，可以知道当下大多数人的痛点是什么；追随自己的粉丝倾向于哪个群体，有什么共同属性；等等。比如，在锚定做垂直内容之前，经过观察，知名主播A发现当下很多家长都焦虑孩子的学习，而最让孩子们感到头疼的，是数学的学习，于是知名主播A决定专注于做初中数学难点的教学视频，结果短时间就吸引了大批追随者。事实证明，依托数据分析，知名主播A的"宝"押对了。再如，知名主播A通过观察粉丝的属性发现，他们多为男中学生，所以他对粉丝的称呼多是"哥们""兄弟"等，这样更能获得粉丝的好感。

二、变现期

（一）流量变现的方式

以短视频平台为例，快手平台最常见的五种变现方式如表3-4所示。

表3-4　快手平台最常见的变现方式

广告植入	广告植入也叫"品宣"广告，或者叫"软广"，这是最常见的变现方式，只要植入广告不太生硬直接，一般客户都不会排斥
信息流广告	广告链接一般会放在视频左下角，直接出现在客户面前，这一类广告位置极佳，转化变现率高，广告费自然也比较高
售卖商品	快手有一个"我要开店"功能，短视频运营者在进行实名认证后就能开店，这样当观众在观看视频内容时，如果想购买商品，直接点击小黄车就可以下单购买
付费课堂	这个和商品售卖相似，不过所售卖的不是实物，而是课程。这对于做教育类短视频来说，效果最好，粉丝也最容易接受
直播变现	直播时快手小黄车的逻辑和短视频中售卖商品一样，主播只要将要卖的商品添加到小黄车里，就可以一边直播一边卖货了

（二）确保稳定更新频率

快手平台一直主张专业类账号每天更新 1~2 条视频（至少 2 天 1 条），过多过少都不利于账号的培养。因此，平时要多储备些作品，当某一条视频上热门时，会直接带动账号内整体视频播放量的增长。因此，在视频发布上，运营者最好能保证"前三后二"，即账号里至少有 3 个作品是已经发布的状态，后续准备好即将更新的 2 条视频。

以知名主播 A 的数学课堂为例，在正式上线之前，他的短视频账号一直处于"月更"状态，也就是说，在最开始的一年时间里，对方只发布了 14 个视频。但自从开始卖课之后，他的短视频账号几乎保持"隔日更新"的频率，因为只有这样才能带来更多的流量，从而实现流量的变现。

（三）内容跟随粉丝而"成长"

打造个人 IP 要注意满足粉丝的心理需求，而粉丝的认知是在不断地变化和成长的，所以短视频的内容输出也要不断"成长"，只有这样才能保持个人 IP 旺盛的输出能力。比如，知名主播 A 一直在讲初中数学，但 2020 年暑假期间他发现，很多粉丝中学毕业，即将迈入高中的大门，于是他开始讲高一的数学知识，还开发了《高一数学必修课》的付费课程，这对维护忠实粉丝起到了很大的作用。

构建个人 IP 矩阵更容易获取流量

获取流量是个人 IP 最重要的作用，而构建个人 IP 矩阵则可以更容易获取流量，因为多平台构建，意味着面向的客户群体增大了。虽然每个打造个人 IP 的平台推荐机制及受众粉丝都有差异，但个人 IP 矩阵可以有效规避这种因平台差异而造成的流量损失，最大化增加流量获取的渠道，拓宽流量池。

一、个人 IP 矩阵就是打组合拳

百度流量研究院公布的数据显示，PC 流量逐年降低，移动流量也越来越碎片化。当前是一个"眼球经济"时代，信息空前泛滥，视频、图文、文字等海量内容使粉丝的注意力分散，呈现碎片化。个人IP如果只专注一个维度或维持一个频次，显然跟不上粉丝的节奏。粉丝的个人背景、生活阅历、职业特点和性格爱好都不一样，一种风格和方式的内容，显然不能满足所有人的需求，因此构建个人IP矩阵显得尤为重要。

个人IP矩阵，简言之，就是同时运营多个平台的个人IP账号，在各个主流平台都占据一个地盘，高密度、高频次地输出内容，使其价值最大化，这样才能在个人IP的汪洋大海中实现客户留存、吸粉纳新和收益变现的运营目的。

（一）个人IP矩阵的分类

要建立科学且完善的个人IP矩阵，进行多平台运作之前，要先了解清楚个人IP矩阵的类型，方便后期布局。个人IP矩阵可分为平台矩阵、列表矩阵和内在矩阵3个主要类型，如表3-5所示。

表3-5　个人IP矩阵的分类

平台矩阵	可以把相同的内容发布在不同的平台上，也可以每个平台分别发布不同的内容，使内容曝光度最大化，加速粉丝的增长
列表矩阵	这是指根据创作的内容，对号入座选择适合文本、视频、图文和音频发布的平台
内在矩阵	确定一个领域之后，按照垂直和细分的方式，制作不同的内容输出

（二）构建个人 IP 矩阵的优势

不可否认，构建个人 IP 矩阵的主要目的是借助不同平台的优势获取流量，这无疑是性价比最高的引流方式。比如，一个短视频在抖音平台上有十几万次的播放量，但同时该视频还可以发布到火山、快手、搜狐视频、腾讯视频等平台，这样组合发布传播后，很可能形成百万次以上的播放量，进而有机会扩大个人 IP 的影响力。除此之外，还有其他 7 个方面的优势，如表 3-6 所示。

表3-6　构建个人IP矩阵的优势

优势	具体介绍
扩大影响力	选择多个平台打造个人 IP 进行传播，如果传播的内容、关键词好，那么被平台系统收录和推荐的概率会很大。系统不仅会把更多优质的流量推送给你，还会把你的内容更快速和精准地推送给目标客户群
突破竞争困境	布局搭建个人 IP 矩阵，能够全面展示自己的实力，崭露头角的机会也会增多，为自己的账号在激烈的竞争中实现突围提供有力的支撑
精准引流转化	当专注于某一领域内容的打造时，吸引来的粉丝全部是对这个领域感兴趣的人，引流非常精准
获取组合收益	选择矩阵进行运营，就会实现多渠道收益，因为一旦在垂直细分领域做成矩阵，收益就会呈现多倍式，而不再只局限于获得平台补贴
多渠道打造IP	个人 IP 矩阵打破了常规营销推广模式，可以通过全渠道打造 IP，用吸引力、感染力和影响力留住客户，将其转化为忠诚的粉丝

续表

优势	具体介绍
规避规则风险	个人IP矩阵的运营方既可以实现多流量渠道分发，也能有效规避平台风险
有利于渠道占位	在每个自媒体平台占位，可以防止被人顶用冒充，或者提前注册，有利于实现IP的统一性

（三）慎重选择矩阵组成平台

打造个人 IP 的平台五花八门，很多人不知道该如何选择，往往花了很多时间挑选的平台却不尽如人意。事实上，构建个人 IP 矩阵，要依据运营需求和实际情况，而不是盲目跟风，哪个平台火爆就进入哪个平台，喜欢哪个平台就选择哪个平台，这样是行不通的。

如果主要是图文分享，那么可以将内容发布到"今日头条"、百家号、搜狐号、大鱼号、网易号等；如果是分享干货式的体验，那么可以在知乎问答、百度问答、悟空问答等平台发布；如果是发布视频，那么可以将视频上传到一些主流视频网站，如西瓜视频、腾讯视频、抖音、快手、爱奇艺、优酷等。此外，还需要了解各个平台的规则、流量情况和变现方法，这样才能更好地提高个人 IP 的运营效率。

1. 大流量号

大流量平台的流量都非常可观，但对运营者的要求也比较高，如内容的原创度、内容是否优质、有没有创新等。所以，入驻大流量平台，要求个人 IP 运营者有一定的创作能力；不然即使平台有大流量，平台也不会把流量推送给你。常见的大流量号如表 3-7 所示。

表3-7　大流量号

名称	简介
头条号	头条号目前是自媒体行业的领军平台，其推荐机制比较成熟，客户的体量也足够大。如果选择在头条号打造个人IP，则要以粉丝为主。比如一篇10万+阅读量的文章，如果只有几百个粉丝阅读，那么收益可能只有几十元，但如果是上万粉丝阅读，那么收益就有几百元。可见，粉丝多的今日头条号，收益也会多。所以，创作内容的时候要着重考虑吸粉，可以重点从3个方面来打造：一是标题，创作者不妨借鉴一些爆文的标题，但不能做标题党，这样容易引起粉丝反感；二是原创，内容围绕标题展开，尽量一段话配一张图，这样看起来不枯燥，而且不要写负面、消极的内容；三是配图要清晰，要尽量去正规的图片网站搜索高清大图，同时需注意版权问题
百家号	百家号的特点是权重比较高，而且容易收录，关键词的排名比较好，收益也十分可观。同时，百度每个月都会清理一部分非法账号，总体生态环境比较好。平台变现方式灵活，只要文章的阅读量高，收益会相当多。另外还有平台补贴，转正周期也不长。在百家号平台主要通过以下4个方面来增加账号的权重：一是阅读时长、点赞、评论和收藏等数量比较多；二是账号的关注度、粉丝数量多；三是内容发布后阅读量高；四是原创程度高，与别人相似的地方越少，账号价值就越高。围绕以上4个方面来运营百家号个人IP账号，就能够增加账号的权重和价值
公众号	公众号依托的是微信这个超级流量池，最大的特点是客户活跃度和黏性都比较高，可信度比较高。而且变现方式也很简单，主要是打赏、接广告，还有完成引流之后卖产品和服务。无论是个人还是公司，只要粉丝达到5000人，都可以申请打开微信的流量主功能，通过相关的申请步骤，成为微信公众号的流量主。微信公众号的广告资源优质丰富，数据统计精准，成为流量主后每月都可以获得可观的收入

2. 小流量号

在建立个人IP矩阵的过程中，除了关注大号，还需要适当考虑一些小流量号，因为并不是平台流量越多越好，在内容创作能力不够时，也可以考虑从一些流量相对少的平台做起，如表3-8所示。

表3-8　小流量号

名称	简介
企鹅号	在企鹅号上通过新手期比较容易，只要发满5篇内容，就有机会通过新手期，当然对内容质量平台也有考核标准。过了新手期可以开通收益，且收益比较稳定，除了广告、打赏之外，还有平台补贴。这对于一些刚开始做个人IP的新手来说，是个不错的选择
大鱼号	要想使移动端曝光率高一些，可以选择大鱼号。大鱼号可以根据粉丝的阅读兴趣精准推荐，因此做垂直内容的个人IP能够得到最大限度的曝光。大鱼号会把内容推荐到UC、优酷以及土豆，但必须是原创视频。可见，在大鱼号获得收益的条件比较苛刻
网易号	网易是网易传媒的升级版，专注于内容分发和品牌助推。因为平台起步较早，因此各方面的发展也比较完善，在内容原创、本地域新闻方面，相比其他的平台要求比较高。所以，运营网易个人IP账号要善于利用重大事件、时事热点等，同时也不要忽视明星效应，因为这个平台的客户对娱乐圈、八卦事件比较关注。 网易在内容呈现上更喜欢图文的形式，文章审核快，对文字爱好者较有利。但如果内容不够优质，或者同质化内容比较多，想要获得推荐，难度比较大。如果想被平台推荐，投放的内容要有深度。而且，网易对"标题党"的打击比较严厉，内容创作的时候要注意题目与内容一致，千万不要为了博眼球，获得一时的浏览量而做"标题党"

七个秘诀助力你成功打造个人IP

一、不炒作自己

要塑造个人IP，需要宣传和营销，但不能不择手段地炒作。最好每天更新，如果不能也要做到周更。每一次更新都要高质量完成，不能疯狂刷屏，否则只会让看到的人厌恶和反感，达不到吸粉的目的。

二、不乱蹭热点

个人 IP 的创建尽量不要涉及时事和政治，但在一些社会热点事件发生后，最好能及时表达个人立场，但必须公平、公正，以国家和集体利益为主导。对于社会热点事件，给予正面评价，注意语言不能偏激。如果自己的评论引起读者共鸣而被转发，那么这也是一种变相的自我宣传。

三、经常作表率

在专业领域，要不断挖掘和研究，持续完善和充实自己，直到成为行业的权威。同时，在日常生活和网络中要为公众树立榜样。例如，自己提倡什么就要首先做到什么，做一次胜过说一百次。此外，要注意对自己进行全方位的包装，包括个人形象、穿衣风格、行为举止、肢体语言等应符合大家对公众人物的期待。

四、及时进行粉丝互动

现在是人人自媒体时代，除了发布图片和视频，回答粉丝的问题也是树立信誉和打造品牌形象的好方法。网上有知乎、悟空问答、百度知道等平台，可以回答粉丝的提问，当精彩的答案被系统推荐时，也能够得到很多关注和转发。

五、内容通俗易懂

无论是写作、拍摄短视频，还是直播，内容都要通俗易懂，用公众能理解的话来陈述自己的观点，不要都用晦涩难懂的术语，故弄玄虚或讲大道理，搞得读者云里雾里，而应该用简单的例子把一些事情说明白、讲清楚。

六、保持更新、原创

在内容更新上，最好保持原创性，而不是照搬和模仿他人，保持自己的风格，敢于表达自己的观点。塑造个人IP，就要持续原创更新，用自己的创意，创造出精彩有趣的内容，进而吸引粉丝的关注。

七、做好社群运营

创建个人IP，建立一些读者群、粉丝群和兴趣群，积极与其互动，及时采纳各种意见、建议和反馈。在社群里，和社群成员搞好关系，多交流思想和感情，培养深厚的友谊，提高自己的公信力和影响力。除了在线交流，还可以举办各种线下活动，让粉丝们更好地接近和了解你，进而促进个人价值的持续提升。

打造个人 IP 的八个避坑指南

一、选择平台

打造个人 IP，选择平台很重要。这需要从两个方面来做出选择：一是从流量和用户群体考虑。在选择平台时，应该考虑用户人数多的平台，这样的平台流量基础大，相比使用用户少的平台，其带来更高流量的把握更大，如今日头条、百家号、公众号等。

二是从自己所发内容的展现形式来考虑。比如：如果是发图文类内容，那么可以选择百家号、今日头条、网易号等；而如果是发短视频，那么可以选择抖音、快手、西瓜视频、腾讯视频等。在刚开始，可以只选择一两个和自己所创作内容相匹配的平台进行发送；当经过一段时间账号运营有了起色后，可以试着多发几个平台，但要注意，同样的内容在不同的平台上发，要根据所发平台的属性和用户特征进行有针对性的二次编辑，切忌简单的复制粘贴式分发。

二、准确定位

无论做什么，定位都是最重要的。所谓定位，就是在客户心目中建立一个符号，而这个符号的烙印越深刻，IP 的塑造就越成功。个人 IP 的定位方法可以分别从个人优势、爱好、前景、垂直、空白这 5 个维度来进行。个人 IP 定位是可以不断调整的，因为一开始的定位只是一种探索而已，随后在探索中不断调整，直至找到最适合自己的定位。

三、持续输出

持续输出有价值的内容，虽然会给自己增加压力，却非常有效。其实没有任何一个个人 IP 能每天都输出高质量的内容。所以，塑造 IP 更重要的是行动和坚持，所有高价值的输出都源自日积月累。此外，持续输出的另一个原因是可以强化存在感，"三天打鱼，两天晒网"是不会给人留下很深的印象的。

四、特别名称

虽然互联网上有各种极具个性的名称，但要让人记住是有难度的。因为，只有容易被记住的名称，才能实现更好的传播。一个特别的名称，对于个人 IP 来说，能够体现其更加鲜明的个人特色，让粉丝识别你、记住你。

五、秀出自己

持续地输出内容，就是在秀出自己，这种"秀"是全方位的。如果想在粉丝心中树立一个多元化的有情感的 IP，那么就要全方位地秀出自己，包括个人的观点、个人的生活、个人的梦想等。

六、专注领域

越专注越成功，当你选择某个极细分的领域塑造 IP 的时候，就不能过于强调粉丝数量，而是要专注高质量的输出，因为塑造 IP 是一个持续的过程，不是立刻就能实现的。

七、帮助他人

主动为别人着想，或者帮助别人变得更好，就是帮助自己走向成功。无论你做免费分享，还是拉群做资源对接，让更多的人从你拥有的资源中受益，你就会变得越来越有价值。

八、着眼长远

直接转化与长期收益不存在矛盾和冲突。从长远来看，这包括三层含义：第一，不要因为赚小钱而沮丧，每个人都是从赚小钱起步的；第二，不要想着赚快钱，真正的收益都来自真诚的服务和同等的价值；第三，鼓励自己克服眼前的困难，保持长久的耐心，坚持下去。要知道，很多人成功不是因为他比别人更优秀，而是因为他比别人更执着，因为塑造 IP 的过程是连续的过程，也是持续优化的过程。

私域流量进阶篇
——转化实战

第四章　朋友圈：流量转化的全新打法

在移动互联网飞速发展的时代，基于微信的强大流量优势，越来越多的商家选择以微信为主要阵地进行营销宣传活动。特别是最近随着私域流量的爆火，微信朋友圈已经成为私域流量精细化运营关注的重点。

微信朋友圈已成为销售媒介的必争之地

芳芳同事的姐姐是做化妆品生意的，她依据 2018 年颁布的《中华人民共和国电子商务法》，在依法办理了市场主体登记后，便经常在朋友圈进行销售。事实上，微信朋友圈一直以来都是最有带货能力的媒介圈。

一、为什么各路销售人员开始席卷微信朋友圈

（1）微信朋友圈几乎什么产品都能卖，没有行业的限制。与其他媒体圈不同，微信朋友圈有最直接、最清晰的推广方式，只要是商家的微信好友，能看到商家发布的产品信息，想要购买，直接便可在微信完成

交易，非常方便、快捷，具有很强的社会功能体系。因此，微信朋友圈营销已经引起很多人的重视和关注。

（2）朋友圈的流量真实可见。芳芳虽然不是做销售行业的，但一直在运营微信公众号。为了能够让微信公众号内容得到更多曝光的机会，芳芳经常将在微信公众号上写好的内容再转发到自己的朋友圈，一来可以增加阅读量；二来可以获得微信好友的转发，增加粉丝量。

（3）微信朋友圈营销成本相对较低。虽然网络流量成本越来越高，但微信朋友圈营销却不需要额外的成本，只需多投入一些时间和精力即可。

二、在微信朋友圈发广告如何减轻客户的抵触情绪

客户对微信朋友圈的广告通常都非常抵触。因为，有些消费者对广告本来就缺乏好感。那么，如何操作才能减轻消费者的抵触情绪，并让他们继续关注自己所宣传产品的动态呢？可借助以下方法来实现。

（一）与消费者有关

在微信朋友圈所营销的产品应该尽量符合微信好友的品味和喜好，比如你的朋友圈的好友大多是职场精英，那么你就可以营销一些与职场相关的产品，如各类心理书籍、与上级、下级沟通的书籍等，或者在不同场合应该穿着的服装，以及一些办公用品等，更容易引起他们的共鸣。

（二）千万不要刷屏

有些人为了得到订单，不停地在朋友圈发广告、刷屏。这种单调、重复的营销方式不仅不会吸引大家关注，还会令人反感，极端的甚至会被好友屏蔽。如何避免这种情况的出现呢？可以在发广告的同时，也发一些关于自己的工作和生活方面的内容，让别人感觉你发的营销广告，只是朋友圈内容的一小部分。

（三）朋友圈要精致、靠谱

朋友圈所发的内容是否精致、靠谱会直接影响到转化变现的效果。因此，要下功夫打造好自己的微信朋友圈。

那么如何让自己的微信朋友圈看上去精致又靠谱呢？需要从这3个方面着手：一是对自己每次所编辑分享的内容都进行精心打磨，内容积极，叙述简洁，抓住重点，所搭配的图片清晰，有感染力。二是对发朋友圈的时间进行严格把控。比如，固定早上、中午和晚上的某个时间进行发送，确保既不被人忽略，又不引起人的反感。三是对自己在朋友圈中所宣传推广的产品进行精心选择，然后尽力去了解有关该产品的一切知识和注意事项，能专业地回答人们提出的各种问题，力争成为该方面的专家，赢得别人的信任，这样又何愁产品卖不出去呢？不能觉得什么好卖就宣传什么，一天一个样，给人不靠谱和朋友圈乱糟糟的感觉。

打造有吸引力的微信朋友圈

现在很多人都喜欢在微信朋友圈分享自己的生活，向微信中的好友展现自己"丰富多彩"的生活，以此希望获得别人的关注。那么如何打造有吸引力的微信朋友圈呢？主要需做到以下 3 个方面。

一、3 个误区不要碰

在朋友圈运营产品，很多人因为毫无章法地频繁发朋友圈而遭到好友的厌恶，进而屏蔽其动态。造成这样的结果，主要是因为陷入了朋友圈运营的 3 个误区，如表 4-1 所示。

表4-1　打造朋友圈的3个误区

误区	说明
刷屏	有的人习惯在一天里不停地发动态，非常容易让人厌恶。试想一下你打开朋友圈一眼望去都是同一个人发的动态会是什么感受。所以，发微信朋友圈不要刷屏
非原创	不要一味搬运、转发别人的东西，你看到的内容可能很多人也都看过了，再转发就不会引起别人的注意。因此，要多发一些原创性的内容，即使文笔或者拍摄技术不好，但也是独一无二的
时间不恰当	恰当的时间、恰当的内容远比不定时发朋友圈更能吸引别人的注意，让人们更愿意看到你的动态

那么打造有吸引力的朋友圈应该注意哪些细节呢？如表 4-2 所示。

表4-2　打造有吸引力的朋友圈需注意的细节

三秒原则	别人的目光停留在你朋友圈动态上的时间不会超过3秒。因此，朋友圈内容一定要简洁明了、吸引人，字数不超过6行，过多的文字可放在评论区
图片数量	图片数量建议1、2、4、6、9张为宜，一张大图永远是最聚焦的
发文数量	对于不同的人群可以分标签发送，不要不加区别地堆砌刷屏，既造成浪费又给别人添加信息负担
朋友圈内容	朋友圈内容大致可分为工作、学习、社交、休闲娱乐4个大类，分类发送内容会让想看的人有所收获
内容质量	内容真实不夸张，有美感，多发正能量的内容，少发心灵鸡汤。此外，对于别人在朋友圈发表的负能量信息，要给予善意引导，给人温暖。千万不要炫富，因为有格调的朋友圈，从来不是充满炫耀意味，而是真实又令人倍感舒适的
发布时间	内容不同，所发时间无须固定。比如，晨跑、晚练等相关内容，可根据生活节奏，在固定时间打卡发布
注重他人隐私	未经允许，图片内容不要涉及他人，这是人际交往的基本原则之一

二、掌握打造有吸引力的朋友圈的秘籍

（1）好内容。好的朋友圈内容都是非常"走心"的，而不是只发自拍或日常照片。

（2）有价值。朋友圈不仅是一个自我记录和分享的平台，更是一个通过记录和分享来宣传自己的舞台。如果它非常精彩和有价值，人们会愿意关注。

（3）高质量。微信朋友圈是展示自我的平台，朋友圈的质量反映了一个人的生活质量，你的生活是一地鸡毛，还是充满诗和远方，别人一

眼就可以看到。所以，朋友圈要有质量。

（4）有创意。如果想让朋友圈变得丰富多彩，吸引更多人的注意，就需要有创意。无论输出什么内容，都要提前进行构思，想办法让它变得有趣，体现出幽默、正能量、个性等创意元素。

（5）真实。相信他人关注自己的朋友圈，都是希望看到我们真实生活的样子。所以，在朋友圈不要过分伪装自己，要尽量展现真实的自己，这样才会给人信任感。

（6）头像。挑选头像之前，先确定你想展示什么样的自己，高冷、呆萌还是可爱等？对于从未见过面的人来说，微信头像就是第一印象，所以你的头像不仅代表了自己的形象，也体现了朋友圈的基调。因此，朋友圈头像要紧密结合个人定位和职业形象，尽量不要用与自己不相关的头像。

（7）朋友圈封面。朋友圈封面就像是一篇文章的序言，必须清晰、鲜明、醒目，最好有艺术感，能够让人有一探究竟的欲望。切记不要用像素很低、不清晰，或低俗的自拍。

三、不能在朋友圈发负面信息

不能在朋友圈发负面信息，主要包括：一是不能发不实或夸大的违反法律法规的不实信息。比如，造谣哪里突发疫情，传染了多少人等，引起人的恐慌。二是不能发毒鸡汤，尤其是一些让人读后会产生偏执极端思想的言论。比如，一味强调男女平等，对男女平等进行偷换概念的解读，挑起男女矛盾，无形中对人们的家庭造成不良影响，等等。三是不能发消极、悲观等读后让人不适的内容。比如，经常在朋友圈表达各种不满，悲观失望的情绪充斥其间，给人心理上增添不快和压抑之感，让人不得不将自己拉黑或屏蔽。朋友圈是现代人的另一个社交场所，因此同样需注意言语和行为，阳光、积极、正面的内容会让人心情愉悦，乐意看你分享的动态，如此对自己进行产品营销也非常有利。

朋友圈卖货的窍门

"我有一个好朋友，依据 2018 年颁布的《中华人民共和国电子商务法》，依法办理市场主体登记，开始在朋友圈卖货，收获颇丰。"

在移动互联网时代，谁的微信朋友圈里没有几个卖货的？这些人也许是创业者，也许是实体店家或者销售人员。他们通过不停加好友和引流，形成自己专属的私域流量池，然后通过发朋友圈做营销。但也因为门槛低，导致鱼龙混杂，恶意刷屏、欺骗售假等事件层出不穷，以致现如今在朋友圈卖货越来越难，不是被拉黑好友，就是被屏蔽信息，转化率非常低，效果极差。

事实上，客户的需求永远都存在，而卖货却不像以前那样好卖，那么很可能是销售方法出了问题。伟伟在自己的朋友圈里卖护肤品，月收入在 3000 元左右，她对如何经营朋友圈有自己的理念和方法。

"过完年后，我碰巧在家，无所事事。朋友聊天时说我的皮肤很好，希望我给她推荐一些护肤品，于是我受到启发开始尝试。那时，我只是以一种试试看的态度。结果，经过在朋友圈几次推荐后，还真有了客户。我非常高兴，开始认真地在朋友圈卖货。

"在朋友圈卖货，最主要的就是所售商品能够帮助客户解决问题。如果你的客户皮肤很敏感，那么当看到关于敏感肌肤护理的文章时，不妨分享给她。一开始我的月收入并不多，后来客户多了，营业额就上来了。

"我只是偶尔在朋友圈发发产品信息，照片都是我自己拍的，介绍和推广语也是我自己写的。我尽量写得简短，而且文风独特有趣，所以朋友们看到这个广告时一般不会感到厌恶。

"对于朋友圈'毒面膜'事件，以及类似'传销'组织发展下线的营销方式，我本人是非常不认可的。这种模式感觉有点坑人，除非招代理是携手共赢，而不是想办法赚他们的钱，这样才有可能打开销售局面。"

伟伟朋友圈卖货成功的例子告诉我们，只要用对方式、方法，朋友圈营销卖货的潜力是无限的，只要肯用心挖掘，用心经营，一定能达到理想的效果。

一、朋友圈营销存在的突出问题

1. 文案转化率低

"三毫米，从瓶壁外面到里面的距离，从一颗葡萄到一瓶好酒的距离，不是每颗葡萄都有资格踏上这三毫米的旅程。它必是葡园中的贵族，占据区区几平方公里的沙砾土地，坡地的方位像为它精心计量过，刚好能迎上远道而来的季风。它小时候，没遇到一场霜冻和冷雨；旺盛的青春期，碰上十几年最好的太阳，临近成熟，没有雨水冲淡它酝酿已久的糖分，甚至山雀也从未打过它的主意。摘了三十五年葡萄的老工人，耐心地等到糖分和酸度完全平衡的一刻才将它摘下，酒庄里最德高望重的酿酒师，每个环节都要亲手把控，小心翼翼。而现在一切光环都被隔绝在外，黑暗、潮湿的地窖里，葡萄要完成最后三毫米的推进。天堂并非遥不可及，再走十年而已。"

这段著名葡萄酒的宣传文案发到朋友圈后，当时就获得了一大波点赞和评论，引得很多人去点击产品购买链接，当然，也有一些客人直接私信要购买链接。

由此可见，如果反其道而行之，只是机械地复制、粘贴一些信息发布，没有真情实感，那么是很难打动客户的，过不了多久，客户就会对你发布的信息失去兴趣，自然就不会有订单产生。切记，真正的朋友圈文案，应该像朋友之间的对话一样，走心且能触动人。

2.信息触达低

如果不分时段、不区别客户群体，一味刷屏，很多好友会屏蔽你的信息。同时，因为信息太多且质量不高，还会干扰目标客户对你发布的信息的关注度。即便你发布的信息对这些客户群体很有价值，也难免石沉大海。

3.精准客户少

如果你的朋友圈只有 200 人，再怎么营销，成交量也上不去，因为你的精准客户太少了。这时，最好的卖货方法不是接着打广告，而是去增粉引流。当然，并不是朋友圈人越多就越好，而是要有更多精准客户；否则，即使产品有亮点也白搭。

4.没有经常互动

很多人不喜欢与朋友圈的客户互动，不管是成交过的还是未成交过的，从来不去与自己的客户和粉丝沟通、交流。如果你想卖货，就得学会和他们打交道，而不是一个人在朋友圈"自嗨"。

二、做好朋友圈营销的关键点

朋友圈营销虽然越来越难，但仍有发展的机会，只要掌握相关的转化技巧，在实践中不断总结、改进，照样可以成功圈粉，轻松卖货。

1.增强客户关系

如果想和客户产生强关系，就要让客户对自己产生信任，这样不仅有利于客户重复购买，还能让客户成为自己的忠实粉丝。一些朋友圈卖家，还会对自己的朋友圈进行精心打造和包装，显示自己所宣传产品的优势，引导大家进行购买。另外，还可以在朋友圈互动，点赞、评论，多关心客户；偶尔也可以做一些有奖励的活动，如点赞送礼、有奖问答等。

2. 要精通业务

比如，你开一家服装店，可以在朋友圈建立一个"时装设计师"的标签，经常发布一些服装搭配的方法、经验和案例，让大家被你的专业精神吸引，从而促进交易的产生。

我们生活在一个信息爆炸的时代，每天被动接触数千条信息。即使不刷屏，客户的注意力也已经碎片化了，吸引他们的东西太多。因此，客户最厌烦的不是刷屏，而是发布毫无价值的垃圾信息。所以，进行内容分享时一定要注意其价值性。

平时要注意收集客户反馈并分类，或将其放在单独的文件档案中，以便在第一时间看到。当有客户咨询时，给她发同类型的客户反馈，客户对你的信任度会马上提升。

3. 杜绝盲目与随意

在朋友圈做产品营销时，必须清楚目标客户是谁，如何发送产品信息，什么时候发送，千万不能盲目和随机。微信营销账号不同于私人账号，我们需要有一个明确的定位，给客户提供他们想要的服务。此外，做微信朋友圈营销，要有客户思维，每一个环节都为客户着想，以最大化满足客户的核心需求。

4. 精准寻找客户

何为精准寻找客户？比如，认为在学校附近开一家奶茶店比在公司附近开要好，这就是精准寻找客户。朋友圈营销也是一样，注意观察受众的购买力、性别比例、工作性质，结合实际情况进行有针对性的营销。在此过程中，根据客户最新消费时间、金额、频率等信息，挖掘客户的潜在需求，有针对性地进行产品推荐，提高成交率。

不要试图抓住所有客户。朋友圈这个私人流量池本身就代表着精细化运作，它应该吸引那些愿意主动了解产品、高度肯定产品和品牌价值的人，而不是被利润驱动的人，一旦感觉无利可图，这些客户也留不住。

5. 有生活气息

如果你添加了一个陌生人的微信，会先访问对方的朋友圈。如果朋友圈都是广告，你会判断这个微信号是工作号，那么很可能会删除这个人。因此，想要获得陌生人的信任，必须在朋友圈展现出自己的生活，不仅是产品，还有日常点滴，如旅游、美食分享等。当然，如果你是一个有较高颜值的人，还可以晒自拍照。因为客户看到你的朋友圈有个人照片，大多数人会认为这是个人生活号，而不是纯粹的微信营销号，这样能大大降低陌生人删除你的可能性。

6. 广告要少而精

发朋友圈是为了推广和更好地销售产品。但是，广告要适当地发。所谓适当，就是发广告要少而精，控制发朋友圈的数量和质量，而不是一味讲究数量。如果必须发朋友圈，则可以在发新动态时删除旧动态。比如，中午发了广告，下午有新信息发布的话，中午的信息就可以删除。其实发布时间过久的朋友圈信息大多没有人看，广告效果也不会太好，所以最好删掉，但要保存最有意义的朋友圈，这样当有新客户点开你的朋友圈时，能快速了解你是做什么的。

7. 产品要有品质

适合做私域流量的产品必须有自己的特点：一是强力回购。如果产品有很强的回购属性，可以用私域流量的模式来运营。比如，生活消耗品，纸巾、香皂等，而像家电这类买过用很长时间的产品就不适合建私域流量在朋友圈销售。二是有联系属性。大多数时候，交易不是一次性的，有些消费者需要经过很长时间的考察才会做出决定。在这种情况下，商家和客户之间可能要进行很多次的交流互动才有可能成交。三是适合分享推广。产品适合做私域流量的核心要求是，具备让人分享的价值，即客户愿意主动自发地分享产品信息，只有这样，才能实现营销成功和裂变的目的。

另外，朋友圈的私域流量绝对不是简单的营销，而是长期关系的维护，这需要付出大量时间和精力。所以，在朋友圈打造私域流量很难马上看到效果，要经历一般磨合期后才能见到些成效。

高转化率朋友圈运营技巧

1. 送奖品和福利

经常在朋友圈里送些小礼物可以激发客户的互动热情。比如，集赞、进群就有奖励等，能够很好地引导客户根据你的指令，在朋友圈里进行相应的操作，如转发、分享和推荐等。这种形式的互动，每一次都是与客户的有效联系，可以增强客户的信任度。

2. 输出干货

对于做知识付费的朋友，可以在微信朋友圈经常发一些相关的干货知识。比如，有一个在朋友圈里卖减肥产品的朋友，经常发一些关于食物营养搭配、合理膳食的内容，倡导不节食也可以减肥瘦身。坚持发些科学又专业的减肥知识，时间一长就会让这位朋友在朋友圈里树立起减肥专家的形象。

还有一位朋友，每天早上在朋友圈发"每日一问"的内容，用海报展示要提出的问题，晚上再回答早晨所发的问题。通过这样的方式与客户互动，让客户感受到关注其朋友圈动态是有价值的。那么，与所营销的私域流量产品相关的干货知识从何而来呢？可以从以下 4 个维度入手。

一是公司维度，包括公司的价值观、文化理念、创始人的感受、公司的活动以及所赢得的荣誉等。

二是产品维度，包括产品的价值、产品的特点、客户体验和评价等。

三是客户维度，能够站在客户的角度来解读产品，了解客户有哪些诉求、抱怨，懂得如何去解决这些问题。

四是行业维度，对所做行业变化的了解，以及自己所经营的产品及所在的公司在行业内所发挥的作用等。

3.增强互动性

在朋友圈发布动态的时候，要注意有没有互动性。比如，可以经常在朋友圈发一些生活小技巧，或给朋友发一些小福利等，保持互动性。一般情况下，可以通过提问来增强互动性。比如，你可以在朋友圈发"万能的朋友圈，大家能否推荐一些美食？"这类互动式提问，让微信好友参与进来。

4.客户亲证

客户亲证是指客户对产品或者服务的好评反馈，如产品的效果、功能、特色等，类似于在淘宝电商里优秀的买家秀一样，是站在客户的角度去证实产品的效果，客户说一句好，比商家说一百句好都管用。

如果你是做线下门店的，可以选取门店优秀的大众点评、好的美团点评截图发到朋友圈里，展示给好友看，让大家通过其他人的评论来认可你的产品和服务。注意：客户反馈的内容不宜频繁发布，可以两天发布一次，发太多会打扰到客户，影响微信好友的关注度。

5. **要有正能量**

大家都喜欢有正能量的人，因为正能量代表可信度和可靠性。在使用微信个人号销售产品时，要让客户觉得你是一个积极、具正能量且可靠的人，从而建立信任感。正能量的人具有乐于分享、爱助人、积极、爱学习、爱运动、自律等特点，谁都乐于与之亲近和接触。那么如何让自己的微信朋友圈看起来有正能量呢？

在日常的朋友圈正能量标签打造过程中，可以适当发一些早起、运动、读书的内容，这是打造正能量朋友圈的基石。比如：每周至少发一条早起打卡的内容，长期坚持下来，会让客户感觉你是一个自律的人；经常分享运动场景和读书心得，以展示出正能量。

朋友圈文案素材平台

上述内容后，我们明白了打造高转化率朋友圈的运营技巧是持续输出高质量的朋友圈动态，那么如何才能保证有源源不断的高质量内容供我们发朋友圈呢？这里我们推荐几个朋友圈文案素材平台，只要合理利用，就能为我们提供持续不断的高质量的内容。

1. **句读**

句读 App 上有很多经典、有趣、有哲理的朋友圈打卡文字，同时还有金句、好文、话题、诗词、词典等不同的板块，大家可以在 App 上寻找自己喜欢的内容然后收藏，在之后发朋友圈动态时使用，方便又快捷。

2. 句子控

句子控的内容与句读有一些相似，不过分类比句读更加详细。可以根据句子的热度进行排序，找到比较热门的句子。同时，还设有最新、原创、情感、搞笑、语录、生活、诗词、电影、英语、随笔等不同的板块供用户选择。大家可以根据自己微信朋友圈的好友身份、工作性质及自己所营销的产品来选择适当的内容，在合适的时间分享至朋友圈，来增强与好友的互动及在好友心目中的印象。

3. 刷屏

该款 App 是新榜旗下的内容平台，可以看到 24 小时、3 天前、7 天前的朋友圈热点文章，还可以关注行业 KOL（关键意见领袖）和 KOC（关键消费领袖）的个人微信朋友圈内容。而且，如果愿意，还可以加入不同的类似豆瓣的圈子，在其中可以看到更多大神分享的高质量的内容，能够为自己发朋友圈动态增添新的素材。

4. 微博

微博的内容特别丰富，可以根据自己要搜索的文案素材类型，找到相关的博主。比如，要找有哲理的文案内容，就直接搜索"哲理文案"来找到相关的博主，关注后就可以在他的微博内容中找到相关的文案。而且一些有意思、有深度、干货类的内容都能从微博中找到。

5.微商水印相机

微商水印相机属于比较早期的工具，主要功能是批量制作水印图片。当我们在分享产品图片时，经常会被竞争对手冒用，而利用微商水印相机把自己的品牌标志打在图片上，就可以防止被冒用。此外，该平台还有比较多的海报素材，可以自己 DIY 素材内容，并进行在线剪辑，制作成小视频。操作简单，素材丰富，是理想的朋友圈产品宣传所用图片的供给地。

6.饭团

饭团 App 定位新知识服务平台。在这里我们可以找到各个领域的知识达人，了解他们的观点，跟随他们一起深入探讨一个话题。此外，还可以与各路高手、专家、资深业内人士进行深度交流互动。在这里，和各行业内资深人士进行交流学习，在提升自己的同时，也让自己有机会将他们的观点分享在自己的朋友圈，获得好友的关注和点赞，从而更利于产品的营销。

7.知乎

相较于微博，知乎的内容更加专业、更有深度。因此，经常分享些知乎上高质量的回复内容，能够提升自己的形象，在进行产品动态分享时更容易引起关注，获得信任。

8.人人相册

人人相册是一款安卓版朋友圈内容采集、归纳整理 App。在这里，可以一键获取朋友圈好友素材，搭建自己的素材库，这样，当发朋友圈消息时便可根据需要直接在相册中搜索使用，方便又快捷。但需说明的是，人人相册目前只有安卓版，没有苹果版。

做好朋友圈内容规划

对朋友圈的内容做好规划，依照规划的内容再去着手准备相关的素材，可解决"无圈可发"的困惑。总的来说，朋友圈内容应围绕以下几个方面进行组织。

1. 与品牌塑造相关

品牌价值可以从产品维度、公司维度、行业维度、客户维度出发，也就是说全方位、立体式地输出内容。比如，做教育产品，那么朋友圈内容应该与教育产品及其品牌价值输出有关。比如，怎么教育孩子、孩子怎么学习更有效率等。教育产品虽然针对的是孩子，但最终买单的还是家长，因此通过在朋友圈分享与教育孩子相关的内容来影响家长，让家长知道你是一个在教育方面很专业的人，这样才利于产品的销售。

2. 与产品价值相关

产品价值如何体现呢？销量无疑是最关键的一个考量因素。因此，如果是实体店老板就可以在朋友圈发门店爆满、客户排队的场景；零售超市，就可以发客户抢购商品的场景；如果是线上交易，则可以发转账截图或者群内成交截图等。总之,随时将产品销售火爆的场景或情况分享至朋友圈,让产品获得肯定的同时激起大家的购买欲,顺利实现销售获利的目的。

3. 与个人创业理想相关

如果你在微信朋友圈树立的是自主创业的人设,那么可以发一些自己对于创业的理解、谈谈做这件事的初衷、曾经遇到过的困难,以及如何克服困难走向成功。日常的思考与对生活、对工作的理解,可以让你在客户的心目中留下有深度、有内涵的印象,让客户更愿意接受你的分享和建议。但无论是哪一种朋友圈内容形式,最核心还是要真诚地与客户分享有益的信息,实现共同提高和进步。

第五章　私域电商：留住客户并实现持续转化

在传统的电子商务模式中，交易沟通的中心是平台，对于商家、品牌和客户三者都具有很大的局限性。后来，随着电子商务的不断发展，这种局限性越来越小，商家有了越来越多的可以直接与客户接触的机会，能够通过各种方式来留住客户并实现持续转化，有效降低了成本。具体的转化方式有如下几个。

转化方式一：直播带货，当前最火的流量转化方式

在 2020 淘宝直播盛典上，淘宝内容电商事业部总经理表示，2019 年，淘宝直播已积累 4 亿客户，全年 GMV 突破 2000 亿元。其中"双十一"当天直播带货突破 200 亿元，177 位主播年度销售业绩破亿元。[1]

由此可见，电商直播已然成为大趋势，但同时也意味着电商直播行

---

[1] 参见《淘宝直播：年度用户超 4 亿 2019 年 GMV 突破 2000 亿元》，网易网，2020 年 3 月 30 日。

业的竞争也变得越来越激烈。

一、直播的优势

要了解电子商务直播的优势，首先要了解传统电子商务的劣势。传统的电子商务客户只能在线上了解、比较信息，仅限于图片、视频和文字。但如果这些商品的信息不完整，就会给客户带来困扰，使他们在购买时难以做决定。同时，现在的网上购物几乎没有人与人之间的沟通和互动行为，没有面对面交流带来的那种活跃的气氛。这样虽然节省了购物时间，但也让购物变得枯燥乏味。

这个痛点，电商直播可以有效解决，主要体现在以下几个方面：

（一）营销效果直观

在电子商务的直播中，很多客户都会被现场氛围感梁，产生从众心理，看到大家都在买，自己也要买一个试试。因此，电商直播团队在进行直播策划时，会把重点放在氛围的营造上，在台词、优惠政策和促销环节，反复测试和优化，从而获得好的直播效果。

（二）在线即时沟通

通过主播的讲解演示、现场答疑、网上互动，可以弥补传统电子商务模式下购物时双方沟通的不足，主播可以随时解答客户的疑问，特别是在销售高价值商品时，做好这一点非常重要。

（三）解决客户痛点

人在集体活动中本质上是单独的个体，而被集体中的其他人关注和认可是人的最大需求，直播可以很好地满足客户的这一需求。因为在直播中，人们可以互相交流，互相赞美，送礼以示友好。这些行为能给人强烈的现场代入感。而且，直播是一种非常即时的形式，任何互动都可以立即得到回应。对于那些孤独的观众来说，这无疑是一个打发时间的好方法。

（四）全面展示产品

直播的同步视频技术，可以让客户更全面地了解产品或服务。视频信息的维度比图片和文字更丰富、更立体，客户感觉更真实、更直观。因此，通过直播购物更受大家的喜欢。例如，通过直播看房、看汽车和看衣服等，都能给客户带来亲临现场般的感受。

（五）自带社交属性

与没有社交互动的传统电子商务消费场景相比，直播具有天然的社交属性，可以实现实时互动，且互动形式多样。试想，一群人聚集在直播间一起购物，不限人数，也不限地域，气氛欢快而热闹，谁不想参与其中，而传统的电子商务根本做不到这一点。

（六）"懒人经济"作用

直播是懒人经济中的一部分，可以让人坐在家里，不用出门就能享受到丰富的购物体验，大大提高了服务的便捷性，满足了客户的现实需求。然而，这些"懒人"并不是真正的闲人，他们只是忙于工作没有时间关注其他的事情。这也是电子商务现场直播兴起的基础条件之一。

二、直播的营销技巧

直播已经成为潮流的背后，不免有很多同质化的内容。比如，吃饭、表演、玩游戏是大多数直播平台共同的直播内容。可见，当前的直播内容趋同且单一。在此情况下，要想脱颖而出，必须具备一些直播的营销技巧。

（一）广告变段子

事实上，主播用表演逗乐观众是一种非常普遍的直播方式。不过，如果主播能在逗乐观众的过程中悄悄插入产品广告，让观众边笑边买，那么直播就算获得了成功。但在通过搞笑逗乐观众的过程中，注意一定要将搞笑点与广告完美结合，让观众无法察觉是在植入广告，或者即使观众知道是在插入广告，也能欣然接受，那么直播就达到了目的。

（二）用产品做道具

在直播过程中无论使什么套路、用什么方法，其目的都是卖货，这是包括受众在内都心知肚明的事情。然而，人性就是这么微妙和复杂，如果在直播中直接卖产品，那必然没人观看，更别提下单了。因此，在直播卖货前，商家一般都会和主播策划好直播的方案，如通过什么方式直播能够吸引观众，进而让其了解产品，最终愿意下单购买。除了通过搞笑手段，还可以将产品巧妙地转化为直播的道具，将其自然地与事先策划好的直播内容接轨，甚至融为一体，让产品正大光明又堂而皇之地出现在观众眼前，参与全程直播。这样，一场直播下来，不仅让产品得到了充分曝光，又给观众带来了欢乐和收获，那么实现产品的销售就是自然而然的事情了。

（三）为观众想好购买的理由

凡是在直播中直接告诉观众，产品对他的家人有好处，产品通常都卖得不错，这其实巧妙利用了人们的一种责任和被需要、被承认的心理。因为，大多数人不愿意为自己花钱，而愿意为家人花钱，希望家人好，自己获得一种满足和被爱和被信任之感，这对于人们来说，是很值得消费者购买心理账户的一种方式。

（四）聚焦目标人群

由于直播领域的纵向细分，未来直播营销也将在内容上更加细化。直播营销除了要具备生动有趣的内容，还要有特定的目标人群。首先，要对产品进行定位。比如，产品的功能、产品的属性等。其次，要确定消费群体。比如，消费者的年龄、性别、地域等。最后，要对消费群体的需求进行分析，以在直播时能直击消费者的内心，使他们产生购买欲望。

（五）给客户承诺

基本上，所有直播运营商都会给客户一个承诺，如7天无条件退换。

但某网红主播却决定，如果客户对产品不满意，可以直接退货。这个承诺非常有分量，客户会认为这是主播有诚意的表现，如果产品能够满足自己的需求，一般都会下单购买，且不会退货。

（六）营造紧迫感

有一批水果卖不出去，有个营销大师在广告牌上写上"每人限购 2 斤"后，水果很快被抢购一空。不可避免地，现在很多通过直播售卖的产品也有很多卖不出去的。但同上述卖水果的例子一样，即使压了很多货，在直播销售时，主播也会说产品缺货，或通过先付预付款和限购的方式，来营造紧迫感，刺激观众下单。

（七）送附加价值

在营销界有句话叫：降多少，不如折扣多少；折扣多少，不如买赠换购。比如，"买一送一"这种常见的营销活动，大多赠送的是另外一个产品，是额外的附加价值。因此，在直播时，商家经常让主播搞买赠换购活动，这是为了给客户营造占便宜的感觉，并不会影响客户对原产品价值的认知。

三、直播冷场破冰技巧

很多主播在直播中聊着聊着就聊不下去了，这就是冷场。因此，作为主播，都要或多或少了解一些避免冷场的技巧。其中最简单的方法是立即转变话题。但要转变到一个新的话题也并不容易，匆忙中找到的话题会被很快用掉，进入新一轮的冷场。所以，在直播前要准备两三个话题，来应对突然冷场的情况。此外，还可以采用如表5-1所示的几个方法来避免冷场。

表5-1　处理直播冷场的方法

方法	说明
使用丰富的表情	有些主播可能会因为紧张或者其他原因出现面部僵硬的情况，脸上只有一个表情，观众看久了会乏味，这也是有些主播在直播中冷场的原因。所以，在直播时可以让自己的表情丰富些。在这个高压的生活环境中，人们需要轻松的感觉
多说感谢的话	只要有人进直播间就要表示欢迎，当有人刷礼物，特别是刷大礼物的时候，一定要说表示感谢的话语，并且要提到粉丝的名字，表情中洋溢着快乐，这也是不让直播冷场的一个方法。抓住粉丝和观众的虚荣心很重要
准备几个段子	冷场的时候，如果一时找不到话题，不妨说几个段子。这些段子要熟记于心，应用得手，不要抄下来直播的时候照着念，那样生硬又枯燥。平时注意多积累，在欢声笑语中与观众建立感情
多谈生活感受	如果遇到冷场，不如谈一些自己有切身感受的事情，利用这些小事情的分享，拉近与观众的距离
学会自说自话	没有人气、没有死忠粉、没有弹幕可念，那么这样的直播间就不会有吸引力，只会越来越"冷"。所以，主播可以学会自说自话，这一点真的很重要。比如，总结一下今天做了什么，有什么比较有趣或者让你生气郁闷的事情。然后有什么大新闻，如娱乐新闻、社会新闻等，这些都可以聊。但是注意，一定要找准观众和粉丝的兴趣点，不能文不对题
塑造独特风格	在互联网快速发展的时代，似乎任何事物都在发生变化，直播也是一样，如果不善于创新和改变，很快就会被淘汰。因此，要善于树立自己独特的直播风格，坚持走人气路线

四、选品正确，有效提升转化率

1. 选品技巧：提高销售量的关键

直播带货的三要素是人、货、场。其中"货"，就是直播带货的产品。其中，一些头部流量主播带货，其产品品类一般都非常多。比如，某主播带货达人，在一般人印象里他就是卖美妆产品，事实上并不是这样，他有时也会卖零食、日护和家居用品等。因为他的粉丝群体非常大，已经有了一定的名气，不管卖什么产品，粉丝都会信任他。但对于一个刚刚起步的新手主播，就不能这样做，产品选择就显得至关重要，否则再怎么努力也是白搭。那么，直播带货时产品如何选择呢？如表5-2所示。

表5-2　直播带货选品技巧

有额外福利	目前，大多数客户对直播的第一印象就是价格便宜。事实上，这种情况与大多数新型互联网商业模式推出之前先"烧钱"是一个道理。但对于那些大品牌，主播应该慎重选择，因为大品牌一般对价格控制得比较严，一般人通常拿不到特别低的进货价，如果价格太低的话，那就有可能是假货。所以，在选择产品时，要尽量选择有打折和赠品优势的产品，让客户觉得真的很便宜
内容很垂直	我们都知道，视频内容要与账号定位相匹配，这样系统才会给你的账号贴标签，标签精准，粉丝才会更精准。直播的产品也是同样的道理，只要产品与账号的定位相关联，属于内容垂直，那么系统就会贴精准的标签，进而加大推送率，有助于产品的后期转化
性价比高	任何一个平台，高性价比的产品都有竞争的优势，销售业绩一般都不会太差。比如，某知名主播的产品，永远都打着"全网最低价"的招牌，这样会让粉丝非常放心，进而对主播产生信任，复购率自然会高
满足粉丝需求	有粉丝一定是因为自己的内容在某一方面能够满足他们的需求，才会让他们关注和购买。所以，在选择产品时一定要针对粉丝的需求，做进一步的细化和分析，做好粉丝画像，然后根据画像不断调整产品结构，满足粉丝需求

续表

亲自使用过	只有自己真的使用过产品，才知道这款产品到底好不好，是不是能满足粉丝的需求，有哪些特性，该如何使用等。这样在直播的时候，向粉丝推荐时才更有说服力
产品借势	直播选品也可以借势，可以借节日的热度，也可以借那些已经被明星带火的产品的热度，因为明星本身具有一定的关注度，他们带过的产品，自然也更有人气，让直播营销更有说服力

2.选品分类：精细化选品的关键

对于直播营销来说，如果没有好的产品支持，基本不可能获得高关注度，实现高销售量。因此，直播间的选品非常关键，虽然所有产品都可以销售，但并非都可以在直播间销售。直播前，需要对所选产品进行精细化分类，找出哪些产品更适合通过直播活动来销售，如表5-3所示。

表5-3　精细化选品的关键

印象款	促成直播间第一次交易的产品，只有产生第一次交易，粉丝对主播或者直播间才会有印象，下一次再进来直播间的概率才会增大
引流款	顾名思义，用来引流的款式肯定是产品中最具有独特优势和卖点的产品，最好做到"人无我有，人有我优"
跑量款	一般价格很低，表面看不赚钱，甚至亏本销售，实则是支撑整场直播间销售额的产品

另外，直播间还可以采用品质升级的方式，设置价格梯度评测模式，在不断的实践中探索最适合直播活动和粉丝的产品方案。

五、正确选择爆品，创造销售奇迹

一场成功的直播带货活动需要提前计划和准备，而选品是其中非常重要的一个环节。

（一）爆品选择的基础标准

所选产品能不能成为爆品，是决定商家是否盈利的核心指标。那么，如何才能选出能成为爆品的产品呢？具体如表5-4所示。

表5-4　爆品选择的基础标准

供应链有优势	爆款竞争中时间越长供应链的优势作用越大
毛利高	最好两倍以上，最低不低于行业均值
市场上升期	是增量市场的产物
竞争系数低	对手弱，你比对手有明显优势
市场体量大	体量决定销量，销量决定流量
价格覆盖款	价格是大多数人都能接受的，性价比高
忌市场大众款	平台越来越不支持同款，至少微调
升级改良产品	产品属于行业升级产品
强产品特征	卖点鲜明，卖相出色
爆款周期长	最好一年四季都能卖，周期越短风险越大
符合市场节点	节点就是生死要点
行业壁垒	有一定的行业壁垒，同行较难复制
供应链稳定	一场直播的结束，也是一轮商品发货的开始。对于商家来说，订单发货背后，接踵而至的是供应链问题，如产品款式更新慢、效率低、成本高等短板

（二）爆品选择的参考标准

任何品牌和产品，要想获得消费者的青睐，最终靠的还是品质，各类的营销活动和广告宣传方式，都只不过是引导人们认识产品、了解产品品质的手段而已。

1. 社交属性

当下，"社交＋电子商务"已成为很多产品推广的标准模式，因此，选择一款产品准备将其打造成爆品的前提条件是，该产品必须具备一定的社会属性和话题性，即能够自带流量，在通过视频推广后，能迅速被人熟知和接受。

2. 大众品类

电商直播平台的商品可分为：鞋包饰品、家居日用品、个护清洁品、美妆护肤品、3C数码、家用电器、母婴儿童用品、食品饮料、健身户外用品、服装、宠物等。通过对多家直播平台商品榜前100件商品分析发现，淘宝的电商直播产品销量靠前的主要是服装、美妆、母婴、美食、珠宝。抖音、快手的电商直播产品销量靠前的目前主要还是集中在性价比高的实用型产品，如时尚美妆、居家日用、女装、食品饮料、3C数码等，其中抖音的电商直播中主要是美妆、服装、百货占比高，商品价格集中在0~200元之间，且有一定知名度的品牌；快手的电商直播中高性价比的白牌商品较多，产业带直播比重较大。总体来说，美妆、服饰、快消品为直播强势品类。

3. 容易记忆

产品卖点的创造可以基于产品质量、配方、成分，甚至是包装、设计、营销方式和广告宣传等多个方面。即使是消费者的奇思妙想反馈，也是卖点的来源。因此，直播爆品必须有足够的记忆点让消费者记住，才能触动消费者的心。

4. 系列组合

以系列组合的产品进入市场，占领客户的认知，可以发挥精准定位的优势。因为组合进入市场具有记忆更容易、选择更便捷、价格更便宜的优点。

5. 产品优质

一个产品能够脱颖而出，靠的是过硬的品质，而不是各种宣传和广告。因此，真正能进入热门产品排行榜的产品，无不是匠心品质，而那些靠虚假宣传走红的爆品，难逃被抛弃的结局。

6. 性价比高

网红爆品要具备较高的性价比，即产品功能没问题的前提下，价格一定要合理。因为观看直播的消费者大多是年轻人；他们的经济能力大多较一般，但也处于不断上升的趋势，因此他们购买产品时最注重产品的性价比。由此可知，10~100元的产品更有爆发的优势。另外，网红爆品的更新频率高、速度快，尤其是面膜、乳霜等产品，合理的价格可以吸引更多的消费者。

转化方式二：自媒体电商，内容为王才具竞争力

在自媒体时代，内容是决定其影响力和成功的唯一途径。无论哪个自媒体平台，都是以内容为载体的。随着各大自媒体平台不断涌现和信息过剩局面的形成，高质量的信息内容显得尤为重要，可以帮助自媒体平台吸引和聚集大量的目标受众。由此可见，内容是决定自媒体平台影响力和成功的唯一要素。

一、创意是关键

随着自媒体的普及，无论是热门文章还是点击率相当高的视频，那些想法奇特、观点独特的内容总能被疯狂传播，这就是创意在发挥作用，它能使内容在海量的信息中脱颖而出，给读者留下深刻的印象。而且，自媒体平台也很热衷于推荐具有创意的内容，可以说，创意已经成为自媒体平台最看重的内容因素。

为了使自己创作的内容充满创意，许多内容制造者或通过寻找热点、或通过编幽默段子等方法来为内容制造话题和参与度，以期吸引更多观众和粉丝点击观看。但创意是很抽象的事物，并不是说来就来、说有就有的，它需要通过不断扩大知识面、提高对各类信息的敏锐度及拓宽个

人视野等方式来慢慢培养。

（一）培养信息敏锐度

作为一名自媒体运营者，要想产出更多有创意的内容，首先要在工作和生活中把自己变成一个"雷达"，对各类有价值的信息和易被别人忽略的看似无意义却能挖掘出价值的事件都能保持高度的敏锐性，不断积累可以使用的素材。那么，如何培养对信息的敏锐度呢？可以从两个方面着手，如表5-5所示。

表5-5　培养信息敏锐度的两个方法

保持好奇心	我们要把自己培养成一个具有好奇心的信息"海绵"，对于自己看到的现象能够勤思考、多揣摩，发挥钉子般的精神，对感兴趣的事物深入钻研下去，不断产生新点子
关注同行动态	关注行业信息、所在行业的领导者和竞争对手的动态，多研究和多质疑，思考别人那么做的本质是什么，该如何引导读者思考，采用了什么切入点，抛出的观点有没有新意等。试着把这些问题搞明白，就能够从别人的内容中发现新的创意

（二）不断拓宽个人视野

对于很多自媒体运营者来说，没有创意，很可能是由于人的所见所闻、视野比较狭隘和封闭，包括自己的知识积累。平时所接触的人事物、自己习惯的思考方式等可能都充满了局限性。长期下来，不仅固化了自身发展，也限制了自己的自媒体运营思维。

可见，要想让自己创作的内容充满创意，就要不断拓宽个人视野。总的来说，可以从5个方面着手培养自己的视野，如表5-6所示。

表5-6　自媒体运营者拓宽个人视野的主要方式

方式	说明
培养个人兴趣	多培养自己的兴趣爱好，不断拓宽关注的领域，不要局限于个人专业和擅长的领域，可以多多涉猎，多多积累，形成自己的独特视角，创作的内容也会因此产生鲜明的风格。记住，无论是犀利尖锐型、幽默搞怪型，还是专业严谨型，都会让读者更容易记住你
接触行业大咖	从优秀的人身上汲取成功的经验，看看他们是如何创作内容和解读事件的，不断学习、临摹他们的思想，慢慢成就自己
开展头脑风暴	将拥有不同背景和经验水平的团队或部门人员经常聚集起来，透过不同的视角，碰撞出无数新的创意
建立创意点子库	自媒体创意，不能一直依靠个人灵感，这样的创意输出没有持续性，因此不妨集众之力，把自己平时从别处、他人那里看到、听到的有意思的内容都记录下来，作为创意点子库
时刻抱着学习的心态	每个人都有自己的专业和擅长的领域，我们经常会在自己熟悉的圈子里打转，不愿意走出舒适区。但作为自媒体运营者，这样的方式不利于自身的成长。如果想让自己的自媒体运营之路走得更远，就不能把自己封闭在固定的领域内，要勇于打破界限，走出舒适区，抱着学习的态度去勇于探索外面更大的世界，只有这样，才能持续精进

综上所述，创意并不是具象的东西，也不是用几句话就能呈现出来的。一些天马行空、没有意义的空想并不是创意，不能为了创意而创意，否则只能是浪费时间。

所以，当没有创意的时候，不要把时间都用在苦思冥想上，那样容易钻牛角尖，可以先把务实的工作做好，然后在实践中试着换个角度去慢慢寻找创意。比如：构思一篇文章的时候，如果以前都是第三人称，那么可以尝试用第一人称的方式，这样更容易产生代入感，让读者觉得内容和自己有关，会对文章产生兴趣；如果经常用自夸的方式来写作，不妨试试用自黑的风格来写；等等。这些都是寻找创意的方法，可以多多尝试。

二、好标题才有好数据

在自媒体内容创作时代，标题是读者对文章的第一印象，同时也很大程度上决定了阅读量的多少。所以，标题非常重要，如果标题不能吸引目标受众停留和点击，那么所有的工夫都是白费，但也不能做题不对文的标题党。如今，各平台已经加大了对内容标题的审查力度，凡出现标题和文章不一致的行为，会被扣分降级。

美国卡内基梅隆大学行为经济学家乔治·洛温施坦曾提出"缺口理论"，指出当人们想知道某件事却不能实现时，会想到如何去填补这个空白。每个人的知识水平都是有限的，都会存在"缺口"，只是没有意识到。标题在一篇文章中起的就是"缺口"作用，需要引起读者猎奇心理，从而想要点击文章看个明白。而要写出具诱惑力的标题，让其成功变为文章的"缺口"，可以重点在以下几个方面发力。

（一）三段式标题

《天冷牛奶不要直接喝了，炸鲜奶外脆里嫩，孩子吃了还想吃》《夫妻只用三天，从相爱到厌恶，旅行为何成为感情检验器？》《三颗小白菜就能做出的大餐，餐厅大厨不喜欢，但有这样的奇效！》……

这些标题都是非常经典的三段式标题，可以将文案的内容直接体现出来，用 3 个点来说明，最后串联在一起。前两点让读者知道发生了什么，是一种陈述，最后一个点是引发读者的好奇心，进而产生点开看一看文章的欲望。事实上，三段式标题本身就是一种最能说明事物起源、因果的文体，其字数应控制在 30 字以内，一般来说，字数在 24~28 字为最佳。总之，三段式标题既阐述了事实，又引发了读者的好奇心，激发其点开阅读的行动力。因此，很多自媒体平台的审核机制也非常喜欢推荐这种标题的文章。

（二）善于列数字

《两招搞定英语作文》《2020 豆瓣评分最高的电影榜单》《职场人注意了，这 3 种晋升机会你不能错过》……

现代社会的生活节奏比较快，无论做什么事，人们都喜欢快速直接。在标题中添加数字，可以给人一种简洁明了的感觉，让读者瞬间明白文章讲的是什么。比如，各种速成班、冲刺班等宣传性文章，只要罗列出数字，就能产生立竿见影的效果。这样的标题把干货直接亮出来，非常对客户的胃口，因为大家都喜欢看总结好的内容，一目了然。

《5 分钟就能搞定的 8 款营养早餐，每天上班心情都美美哒！》——只需 5 分钟就能吃到一顿营养早餐，试问哪个白领不想在忙碌的早晨享受美食呢？因此必须看一看。

《年轻妈妈注意，千万不要给孩子吃这 5 种食物》——凡是有孩子的女性朋友，看到这个信息，谁能不心动呢？关系孩子健康，一定会打开看个究竟。

《这两个职场相处方式，正在毁掉你的人生》——文章原标题是《职场关系是技术活》，看起来非常普通，引不起人们的兴趣，很多人可能会一扫而过。但如果修改一下，将不太恰当的职场相处方式总结为两个，运用带有数字的题目，非常直观，最后再强调这两个方式可以"毁掉"你的"人生"，这些字眼很容易刺痛人们的心理。所以，当人们看到这样的文章，马上就想点开看看，对比自己身上有没有这两个坏习惯。

（三）设置小悬念

《已婚女性遇到第三者竟然这样做……》《决定人类健康的因素中，它竟然排在第一位》《最近在女生中最流行的是……》……看到这些标题，是不是手指头发痒，想要点开看一看？可见设置悬念如同提问，总是说一半，答案自己揭晓，非常容易激发人们的好奇心。

《总结了 50 名女星的不老秘籍，原来是做到了这 3 点》——虽然这个标题看起来很夸张，感觉不靠谱，但点击率却很高。因为每个女性都想像女明星一样永远"冻龄"，自然会点进去看看，了解这些女明星是如何保养的。

《种了 5 年西瓜毫无起色，2020 年拍抖音赚了 3000 万元！》——这是一个场景化的标题，读者看到它，心里就会有一个大大的问号，种西瓜和收入 3000 万元有什么关系呢？由此可见，诱人的数字比单纯的广告说教更有吸引力。

《5岁小女孩的一个小小举动，上万人都看哭了》——一个只有5岁的孩子为什么能让上万人流泪，这是一个怎样的故事呢？瞬间引发人们的好奇心理。

综上所述，标题只要设置足够的悬念，引发人们的好奇心，点击率和阅读量都不会太差。同时，如果标题中使用了"秘密""奥秘""机密""内幕"等字眼，也能够成功勾起"吃瓜群众"的"八卦之魂"。

（四）提问引注意

《如何避免孩子沉迷游戏？》《异地恋该如何相处？》《每天最少该保持多少睡眠时间？》……《纽约时报》杂志罗列出一些最受欢迎的文章，发现其中大部分都采用了上述提问式的标题。这种题目能直接吸引人们的注意力，进而激发人们阅读的兴趣。

《内向的人如何融入团队？》《如何通过朋友圈赚钱？》——当你看到这两个标题，是不是很想打开看看呢？因为它能用一个问句，轻松击中读者心中的某个痛点，从而引发读者阅读的兴趣。此类标题比较常见，不需要太动脑子，但是点击率却非常高。

在一般情况下，提问式标题常用的提问方式是设问和反问，也可以用疑问。有时候也用明知故问的方式引出内容主题。但这种提问的方式并不适用于所有的文章和内容，要避免为了提问而提问，必须有问题才提问，否则起不到烘托主题的作用。

三、打造刷屏级爆文

所有的自媒体运营者都希望自己能写出爆文，因为爆文代表着指数级的粉丝和流量。自媒体人的那些如创新、老客户召回、激活推广、账户保持活跃度等"老大难"的问题，爆文一出马上都能解决。一些自媒体账号可能在很长一段时间内表现平平，但如果产生一篇热门文章就可以让所有付出得到回报。因此，很多人羡慕别人文章的阅读量，会选择走低俗路线。要么内容不健康，要么成了标题党。结果不是被封号，就是被限流。

事实上，爆文的产生并不是那么遥不可及，只要内容足够好，都有可能产生爆文。相对来说，《今日头条》娱乐、时事、热点新闻类的内容和网易情感类的文章出爆文的概率较高。

众所周知，做好任何一件事情都需要注意方法和规则，自媒体运营也是如此，除了标题、热点、素材等常规元素外，还需要从以下 3 个方面努力。

（一）观点要独特

自媒体账号"乌鸦电影"并不是大号，一度默默无闻，但其发表了一篇文章，是关于作者看某纪录片的观后感，文章发出去不久就带来了十多万的阅读量；另一个自媒体账号"一地玻璃碴子"，也曾是一个不知名的自媒体账号，但凭借《深圳中考有多难？》一文，从一个妈妈的角度，讲述了深圳初中生上重点高中时的艰难境况，引发众多家长共鸣，使得文章迅速成为爆文。

以上两个例子中的文章，观点都非常犀利，且见解独到，又具有一定的深度，成功吸引了读者的注意力并引发读者思考，使得其在众多的文章中脱颖而出，成为爆文。可见，观点独特是写出爆文的制胜法宝，但在表达观点时，也要注意几个问题，如图5-1所示。

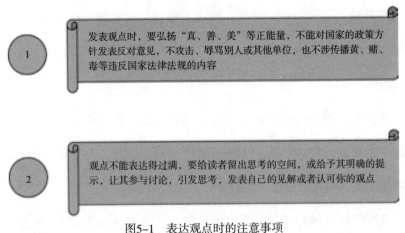

图5-1　表达观点时的注意事项

（二）选题很重要

如果想创作一篇爆文，仅仅依靠激情和速度，或者模仿别人是无法实现的。写出一篇爆文的首要条件是先做好选题。而一个能够成为爆文的选题需要有自己独特的视角和观点，能够被大家拿来讨论，容易引发共鸣，触动读者的心，让他们自动自发地分享和转发。而一个好的选题往往具备这5个特征，如表5-7所示。

表5-7　好选题的五大特征

特征	说明
接地气	选题的内容要与读者贴近，能轻易让人看懂，没有太多专业性的知识
有共鸣	选题能够为目标受众发声，帮助他们发表观点，写出他们的心声，让其产生共鸣
蹭名人	选题与名人沾边，就会自带流量和热度。比如，院士钟南山、阿里巴巴的马云等
角度新	选题具有颠覆性，超出普通认知。比如，《月薪3000的人，却在北京买了房》，这样的选题会让很多人产生好奇心
追热点	打造爆文的最短路径是追热点，因为全民关注。只要足够及时，热点追得好，就会带来不错的点击率和传播率

（三）平台要选好

现在的自媒体平台数不胜数，要想打造爆文，一方面要尽量选择客户基数大的平台，增加打造爆文的机会；另一方面要关注平台的推荐机制，因为不同的自媒体平台的展现形式和对作品的要求不一样，其推荐机制也不相同。以"一点号"为例，其对作者的写作功底、写作毅力要求很严格，1~5级是新手，基本只能发文章，属于考验期；6~15级是"雇农"，基本没有稿费，粉丝涨得很慢；15级以上可以开通点金计划，但由于客户基数不大，因此账号的推荐量和阅读量很难上去。

但这个平台有一个优势，就是与百度热搜事件关联度较大，一般3天内发生的热点事件，都能得到很好的推荐，容易出爆文。与此同时，注意做好一些细节，也会让平台乐意推荐你的文章，提升产生爆文的概率，具体如表5-8所示。

表5-8　打造"爆文"需要做好的细节

序号	说明
1	原创度高的文章在任何一个平台都很受欢迎，所以大部分的爆文都是原创。尽量不要洗稿，平台会自动识别，弄不好还会被限流
2	增强文章的互动性，评论、点赞和转发是平台判断文章好坏的重要标准，可以判断客户的喜好程度
3	优质配图和简单大方的排版很重要，读者都是利用碎片化时间小屏幕阅读，插入高清的配图，文章合理分段，正确使用标点符号，会让读者的体验更好，减少眼睛疲劳，平台也喜欢推荐这种图文都很精致的文章

转化方式三：抖音，练好基本功才能"抖"起来

短视频是 2020 年最大的红利，抓住就能让自己的财富无限翻番。截至 2020 年 1 月，抖音的日活客户已经达到 4 亿人，2019 年 1 月，抖音日活还是 2.5 亿人，一年的时间增长了 1.5 亿人，重点是抖音涨粉非常快。[①] 抖音是一个集短视频和社交网络为一体的中心平台，意味着每一个抖音号都有机会拥有上百万或者上千万的粉丝。即使是新号，只要内容受欢迎，也会有越来越多的人关注。但是，在抖音运营过程中，必须掌握一些基本的技能，如录像、编辑等，此外还包括以下几个方面。

---

① 参见《抖音宣布日活跃用户数超4亿：要做视频版的百科全书》，澎湃网，2020年 1 月 6 日。

一、重视数据分析

充分利用作品的数据反馈，可以在发表作品时对作品进行优化，并对作品的标题、封面、内容、标签等重要元素进行调整，使账号在短时间内达到增粉、转化的目的。在运营抖音时，需要注意以下数据。

（一）作品的基础数据

作品的好坏和反馈，可以从基础的数据中看出一些端倪，具体如表5-9所示。

表5-9　作品的基础数据

数据类型	说明
播放量	当作品上传后，24小时内，抖音会给予一定的播放量（一般是200~500次）。新号的作品播放量只要不低于200次，就是正常的。接下来，只需要以万级、十万级、百万级播放量为目标，一一突破即可
平均播放量	账号的所有作品播放量相加，除以作品的数量，平均播放量对广告商来说，是非常有参考价值的。很多账号运营者为了有好看的数据，在账号突破百万次级播放量后，会把低于一万播放量的作品改为仅自己可见
点赞量	好的作品，点赞量少不了。点赞是最能体现一个作品好坏的标准，也是抖音推荐算法中最重要的指标
平均点赞量	账号的所有作品点赞相加，除以作品的数量，即作品平均点赞量。当账号有一定量的粉丝后，最好把点赞少的作品隐藏，来提高账号的推荐率
评论量	对于新发布的作品，评论能有效提高抖音的推荐率
转发量	当粉丝转发你的作品时，是对作品的肯定，能大幅度增加权重

在以上6个指标中，点赞量是作品影响权重最高的一项，点赞量越多，推荐量就越多，意味着播放量也越多。

（二）作品的互动数据

作品的传播必然是以互动为前提，在这个过程中也可以通过一些衡量互动的数据进行分析，如表 5-10 所示。

表5-10　作品的互动数据

数据类型	说明
完播率	当你发布一个视频后，如果初始分配的客户里有超过80%的客户看完了视频，说明这个视频的质量是很高的。另外完播率对应的是抖音客户时长的要求，所以在不影响视频质量的前提下，要尽量缩短视频的时长，一句话能说清楚的，绝对不用两句话
观赞比	看点赞数的重点是观赞比，即看视频的客户，有多少人点赞了，如果点赞比例比较高，代表了客户对视频的认可。这个是抖音推荐算法判断视频质量好坏的重要依据，发布者也可以根据点赞数来倒推视频受客户喜爱的原因
评论数	评论区是粉丝和视频创作者的互动区域，和粉丝互动方面做得好，会大大增加粉丝对创作者的黏性，所以评论的互动引导极其关键，可以在视频里留下一些问题来引导评论区的人讨论，这样评论数自然就多了
转发数	对于任何一个平台而言，客户增长都是最重要的，视频的转发数意味着客户愿意将平台的内容裂变出去，意味着这个视频对平台的客户增长的贡献，自然也会得到推荐算法的重视

（三）账号的价值评估

1. 赞粉率

所谓的赞粉率，就是一个账号的点赞数和粉丝数的比例，当赞粉率不断增加时，说明这个抖音账号的内容吸粉能力很强，体现了粉丝对账号的喜欢和认可。

2. 带货力

带货力，即结合账号的日常点赞、播放量和粉丝画像等因素对抖音账号商品的销售能力进行全面评估。

二、养号期下苦功夫

养号的最终目的是提高账号的权重。抖音希望把流量给正常的、高质量的、有垂直内容的账号。在养号的早期阶段，注意不要被系统判定为营销号，而要让系统将其认定为普通号。这期间多点开别人的视频，多给别人点赞、点评、关注，不要发布营销内容为好。

如果抖音账号"养"了一段时间没有起色，播放量很低，那么这个账号很可能会被系统降低权重，这样的抖音号很难火起来，系统给的流量推荐也会很少。如果在很短的时间内，账号播放量达到3000次左右，那么这样的账号就可能成为系统推荐号，这时候要抓紧再创作一些更优质的作品，系统的推荐量还会再次提升。当视频的评论和点赞数达到一定数量时，系统会继续把这个账号推荐到更大的流量池里。

三、对内容质量进行分类

抖音的创作内容上传之后，后台会对其进行自动检测，看是否存在问题，有没有违规现象，如果一切正常，那么后台就会对内容进行分类，通常分为4类，具体如表5-11所示。

表5-11　抖音平台内容质量分类

类型	说明
抄袭	直接从别的平台把视频下载下来发布的内容
搬运	把已有的文字做成视频，如一些名人的讲话视频。这种类型的视频有可能涨粉很快，甚至会达到几百万次的播放量，但缺点是难转化，个人属性弱。平台对于这种低质量的创作视频也会进行打击，其生存时间不长
伪原创	把别人的事例拿来自己再拍一遍。如果说你的演技很厉害，或者说你能把自己的一些想法加进去，那么这种类型的视频还可以继续运营
原创优质内容	原创内容是指从拍摄到内容都是自己创作的，如果内容过于简单、无聊，系统也不会推荐。优质的原创内容能够让客户看到之后引起共鸣，感受到创作者的良苦用心，那么他们就愿意来点赞和发表评论

转化方式四：社交电商，打造以人为本的模式

社交电商是一种高明的变现方式，主要是通过媒体和人与人之间的关系链进行变现，是一种基于信任的社会化交易模式，属于电子商务与社会化媒体的融合。社交电商的业务逻辑是：先社交，后引流，是以社会化传播为基础的新型商业生态系统。

一、社交电商的优势

（一）高转化率

信任可以产生购买，好的产品可以延续这种信任，形成复购。社交工具中的熟人推荐是传统电子商务无法企及的，这一大优势使得社交电

商的崛起，成为解决 2019 年传统电子商务困境的有效途径。

（二）低成本化

社交电商是客户自发推荐，不存在广告、分销这些中间环节，可以有效降低成本。这些减掉的成本，可以直接体现产品的价格上，自然会有竞争优势。

二、传统电商转社交电商运营的 4 大转变模式

从传统电商转型为社交电商运营，意味着需要从哪些方面进行转变呢？具体如下。

（一）从面对点模式转为点对点模式

传统电商做的是大众化的生意，面向的是不确定的人群，客户基础非常不稳定，他们随时都有可能弃商家而去然后转向其他商家。而社交电商的营销模式则不同，是点对点的，即在一个私有的社群内做固定的一群人的生意，客户是自己的。只要商家肯下功夫，其可以与群内的每一个客户建立良好且长久的关系，来增强客户对自己的黏性。而且，随着客户对商家所经营产品的认可，这个群体还有不断扩大的可能，从而能够给商家带来更多的利益。

（二）从单一产品模式转为组合产品模式

传统电商所销售的产品通常是性价比较高的单一款式产品，销量虽然通常不错，却有一定的滞后性，因为传统电商引流需要花费很高的成

本，因此在有了流量后往往就会看此时什么产品卖得火爆而跟风卖什么产品，想要在短时间内抓住本不稳定的流量高峰，挣够引流成本并达到获利的目的。基于这样的心理，商家所售卖的产品款式往往就很单薄，且无法精心打磨产品，从而无法长久地吸引客户，陷入"花钱引流→客户流失→再花钱引流"的恶性循环中。而社交电商则恰恰相反，首先，社交电商所面对的客户都集中在一个固定的私域流量池内，所以这让其能够耐下心来好好经营产品，而当所经营的产品获得客户认可和信任后，再适时推出与此产品相关的一系列其他产品，形成产品组合，以长久地吸引客户。其次，社交电商主要靠的是复购和裂变，因此，这让商家能够对产品组合进行精心打磨，来不断增强客户黏性，提高客户购买和分享、转发率。

（三）从变现模式转为裂变模式

在传统的电商模式中，商家获得流量后，会在这些流量中寻找潜在客户，但这样有失精准，最终的转化效果也不好。而社交电商则依托人与人的关系，以信任为基础，客户购买后会自发推荐产品，实现裂变，而这种社交裂变就是自传播，也是复利思维的一种表现。

（四）从流量模式转为粉丝模式

流量思维是通过选取一些利润空间比较大的产品去转化，一般不考虑客户是否会复购。而粉丝模式很容易形成以客户为核心的扩展逻辑，所以，客户的复购率、留存率都会比较高。

三、社交电商转化流程

（一）拉新

拉新是做所有生意的第一要务，私域社交电商也不例外，其通过抽奖、拼团、砍价、限时秒杀、优惠券等拉新举措触达目标客户群体。而拉新模式的精髓是找到超级传播者。

（二）成交

拉新的目的是成交转化，没有成交转化，拉新就失去了意义和价值。客户来了，就需要刺激他购买。如何刺激呢？常用的方式有满减、首次免费充等值金额、包邮、限时折扣、限时秒杀等。针对不同的目标客户，可以采用不同的刺激策略。

（三）留存

当一个公众号不能持续地产生价值或者与客户再无利益关系时，客户就会离开。比如，很多公众号一发布新文章，便会产生客户取关现象。这种现象其实很容易理解，客户无意中因为活动关注了某个公众号，久而久之，发现更新的内容并不是自己想看的，自然就会取关。

而如何能实现客户的留存呢？可以通过利益绑定，即通过会员系统，设置每天打卡互动的小游戏，获取虚拟积分，积分可以抵扣消费金额。如淘宝的淘金币，就能通过多种渠道获得，并可以当现金，增强客户黏性和增加浏览时长。

降此之外，还可以通过做好售后服务来留住客户，即可以不定期推出回馈老客户的活动，激活客户的新需求，提升客户口碑效应。当留存客户成为连接新客户的种子以及新产品的尝试者，就能用以老带新的方式，不断扩散裂变，最终实现客户增长和销量增长。

转化方式五：二类电商，高转化率落地页不可缺

我们经常能够看到很多类似"神器""爆品""热销"的字眼隔三差五地出现，这种营销模式就是二类电商的特点。

什么是二类电商？其概念来自和一类电商的比较。一类电商是传统电商，如淘宝、京东、拼多多、唯品会、苏宁易购等；二类电商，是依靠信息流平台进行推广宣传，然后进行单品成交的一种形式，如微信、抖音、快手等。

运营二类电商要掌握两个重要因素：一是流量获取，二是落地页的转化。当流量越来越稀缺的时候，落地页的作用就凸显出来了，成为转化的核心。一个高质量的落地页在转化中可以起到事半功倍的作用。

一、落地页设计误区

（一）内容无主次

一个合格的落地页，一般都结构合理、条理清晰，没有堆砌、杂乱现象，让人一目了然。如果太过拥挤，会给客户造成阅读和识别压力。

所以，好的落地页，在设计上应尽量做到简洁，突出重点，减少分散客户注意力的无关元素。

（二）缺乏紧迫感

落地页中如果没有时间、数量方面的限制，就会给人稀缺性、时效性力度不够的印象，造成产品不被客户重视，激不起他们马上购买的欲望，从而无法实现快速转化。

（三）落地页内容与创意内容不一致

落地页内容要保持与创意内容一致，做到能够延续广告创意的思路和风格定向，即创意内容中有的，落地页内容中一定要有，并且应重点展示。不能为了吸引点击量就无所顾忌地夸大其词，这样当客户因为被创意内容吸引而点击进入落地页后，却发现远不是那么回事，就会认为受到了欺骗，对商家印象立马发生 180 度大转变，很大可能从此不再点击该落地页，这对商家来说是得不偿失的事情，于长远发展非常不利。

二、落地页高转化率技巧

（一）明确目标

设计落地页的目的是留存客户，实现最后的成交。因此，落地页设计得不必过于花哨，应简洁明了，详略得当，将制作的重点放在如何引导客户快速完成你想要实现的操作行为。

（二）精准投放

面对具有不同的背景和需求的客户，在落地页的投放上，要注重因人而异，也就是根据不同渠道的不同客户属性的不同，应该有针对性地进行落地投放。

（三）流程设计完整

落地页的流程设计要尽可能形成闭环，让客户一气呵成完成操作。如果设计得乱七八糟，只会让客户眼花缭乱，关闭页面，又何谈进行操作呢？

（四）构建使用场景

在制作落地页时需要围绕一些使用场景来设计，让客户产生代入感。比如，主打减肥产品的落地页，可以设计一些好看的衣服穿不进去、称体重时体重秤爆了等场景，让客户看到后产生共鸣，进而产生购买的欲望。

第六章　微信社群：少数人精通的红利游戏

　　每个品牌在运营一段时间后，都会积累一定量的客户，但如果因为在后续无法做维护工作而丢失客户，那么这对于品牌来说是非常可惜的。因为品牌前期花费了大量资金来引流推广，目的就是希望吸引客户并与之建立长期有效的联系。所以，越来越多的商家把在平台成交的客户逐步引流到微信端，通过建立私域流量池来进行维护，并与客户建立长期有效的联系，既节省了高昂的平台流量费用，又实现了客户的持续转化。

社群，是私域流量吸粉和转化的根据地

　　社群运营，是保障品牌和商家持续收益的重要渠道。在信息泛滥的时代，客户有限的精力被各种信息吸引和分散，使得渠道与流量越来越稀缺，在这种情况下，社群应运而生。社群，顾名思义是有某些共同点的人聚集在一起的群体。在去中心化的时代环境影响下，不一定有影响力的人才能够建立社群，只要有共同的兴趣和目标，就能建立社群。互

联网为社群经济创造了平台，人们在社群中实现了很好的连接。而社群运营，也成了保障品牌和商家持续收益的重要渠道。

在社群经济时代，只要有足够的吸引力、闪光点和个人魅力，并能够找到与客户之间连接的最短、最便捷的路径，就能吸引众多客户和追随者加入社群，图 6-1 所示为社群私域流量吸粉效果展示。

图6-1　社群私域流量吸粉效果展示

创建社群私域流量池后，需要经过精心运作和不断转化，才能够为社群创造价值。比如，"罗辑思维"构建了顶级的私域流量社群，估值达十几亿元；"彬彬有理"抓住女性情感这一蓝海市场，从最初的视频内容输出到创建覆盖 500 万客户的"社群"，再到通过社群进行商品的售卖，其打造了完美的女性线上消费商业闭环，最新估值达两亿元。

可见，具有影响力和光环的私域流量，都可以充分抓住社群和社群经济的机遇，获得持续的内容转化和生产能力，使私域流量的运行更加可持续。

一、创建社群私域流量的优势

组建社群，形成私域流量池的优势主要有以下几个。

1.让目标客户更精准，增强客户归属感

俗话说，物以类聚，人以群分。而客户之所以会加入社群，是因为他认为自己的理念和社群有相同之处，他的一些需求也能通过社群得到满足，如此，创建社群私域流量，会令目标客户变得更精准，让后面的运营更有效率。此外，在社群私域流量中，商家可以与客户实现更深层次的互动，使得群内不仅有人与物之间的连接，更有人与人之间的连接，能够让商家建立起高效的社群成员体系，进而增强产品影响力和客户归属感。

2.能够更好地运营和变现

社群内聚集的都是一些消费观念和消费需求相似的人，因此，商家可以针对此制订更好的运营方案，来提升运营效率。同时，人人都有从众心理，当在社群中进行产品推广后，只要有一些客户先购买，那么后面陆续就会有很多人跟风购买，这是人的攀比心和虚荣心在作怪，但对于商家来说，却是很好的刺激销售的手段。

二、构建社群私域流量的方法

相比公域流量，社群私域流量在内容传播、生产输出、客户沉淀和商业转化各环节都具有突出优势，而其中最核心的优势就是客户和粉丝

的沉淀。

做社群运营，根据凯文·凯利的"一千个铁杆粉丝"理论，无论你有多少粉丝关注，只需要重点发展其中 1000 个铁杆粉丝，就可以实现社群私域流量的逆袭。具体来说，打造一个优质的社群，需要关注如表 6-1 所示的几个方面。

表6-1　构建优质私域社群的方法

目标人群定位	若是根据私域流量运营的方向建立社群，那么定位非常容易，根据私域流量垂直的内容和持续输出的内容，很容易找到目标人群进群
明确建群的目标	明确的目标决定着后期运营的所有规划。比如，樊登读书会，社群的目标就是读书，为了这个目标，樊登读书会还经常举办线下读书分享活动，在社群里每天发阅读分享、优秀的书评和书摘等
确定相同的兴趣	在互联网去中心化的影响下，只要大家有共同的兴趣爱好和目标就可以聚集在一起
增加入群的门槛	客户进群有一定的门槛，只有付出相应的努力之后，才能获得成为群成员的资格，这会让他们产生一定的自豪感和仪式感，有利于提升对社群的归属感和黏性
多做推广宣传	做社群最怕的是没有客户和粉丝进群，所以推广宣传也是少不了的。不管是付费模式，还是免费推广模式都可以增加流量，帮助客户社群运营进入一个良性循环的发展轨道

保持高活跃度延长社群生命周期

很多私域流量主在运营社群时都会遇到相同的困惑，即建立社群不难，让社群始终保持高活跃度才是最令人头疼的事情。经历了初期的活跃，社群会慢慢沉静下来，3 个月后就会进入瓶颈期，要么成了广告群，要么大家都不说话。这时候，即使发红包也收效甚微，基本的氛围都调动不起来，更别说社群营销与转化了。如果到了这一步，社群就没有存在的意义了。所以，保持社群的活跃度至关重要，能够有效延长社群的生命周期。

一、导致私域流量社群不活跃的原因

当私域流量社群的运营出现不活跃的问题时，要先搞清楚是什么原因造成的，才能更好地对症下药，具体如表 6-2 所示。

表6-2　私域流量社群不活跃的原因

运营缺乏体系化	私域流量社群的活跃度，离不开群主的精心运营和打理。如果群主经营的社群数量过多，那么就很难保证能同时把每个社群都运营与维护好，导致社群的管理与社群成员的要求之间出现差距，渐渐社群就变得不再活跃。所以，没有科学的体系化运营方法，私域流量社群很难形成规模
运营缺乏激励机制	很多私域流量社群的内容创作者都是社群的组织者，而社群成员输出的优质内容较少，导致社群活跃度过低。造成这种情况的原因是缺少好的激励制度，好的激励制度有足够的诱惑力，能够激励社群成员积极参与创作内容，提升社群活跃度
运营缺乏社群意识	很多私域流量社群的运营者在践行私域流量社群理念时，缺乏社群意识，还停留在"写和看"的阶段，没有与客户沟通和互动的意识，致使社群死气沉沉，没有生机和活力

二、提升私域流量社群活跃度的方法

在活跃的社群中，群成员可以从中不断获得自己感兴趣的新知识或买到心仪的产品，得到心理上的满足，感觉加入社群是值得的，从而也乐意介绍自己的亲朋好友加入社群，分享转发群消息，实现群转化和群裂变。大体来说，提升社群活跃度的方法，有这么几个，具体如表6-3所示。

表6-3　提升私域流量社群活跃度的方法

创新运营形式	不断创新运营形式，让社群成员愿意待在这个社群中，使社群进入良性循环模式，为规模的进一步壮大打下基础
社群人员筛选	社群人员不能一成不变，要有淘汰机制，不断为社群提供新鲜血液，保持社群的活力
建立深度关系	社群如果想保持长久的活跃度，单依靠常规运营方式肯定不行，还要通过一些其他方式如线下见面等活动来与社群成员建立更深一层的关系，只有让群成员卸下更多的防备、对群有更多的信任，其才会更积极地参与群活动，成为群成员中活跃的一分子
内容持续出新	社群要维持长期的活跃，就要激发起社群成员的力量，让大家在社群中不断产生有趣的连接，始终让群成员感受到惊喜，持续关注群信息
找到意见领袖	社群是由无数群成员构成的，而社群意见领袖对社群活跃度影响很大。因此，可以选出群中的意见领袖，让其定时以文字或直播的方式分享经验和内容
利用福利奖励	福利奖励是一种常见的活跃私域流量社群的方法，可以定期或不定期准备一些奖励和福利用于活跃气氛

打造社群软文化提升社群观念

构建社群软文化和社群理念，不是只喊几句口号，而是要围绕社群做一些实际有效的行动，总的来说，需要从以下4个方面着手。

一、确立愿景

社群的共同愿景是社群所有成员都希望通过社群实现的目标，任何一个高质量的社群，都应该有一个共同的目标，即需求得到满足，自身获得成长，这是社群能够吸引社群成员的基本要素，也是社群成员加入社群的初衷。因此，社群经营者必须满足社群成员的这些要求，否则，社群运行就会失去动力，无法激励群成员发挥积极作用。

二、提炼文化

社群想要做大做好，需要同企业一样，打造属于自己的社群文化。社群组织者要围绕自己建群的初衷和目标，经常有针对性地做一些引导和分享，让群成员在社群中能够找到自己想要的文化氛围和文化风格，从而对社群产生认同和信任，增强其对社群的黏性。一个社群有文化内涵，可以对外部形成强吸引力，对社群的长期运营非常有利。

三、完善群规

群规对社群成员来说，具有一定的约束性，会限制社群成员的一些行为，如不准互加好友、不准聊天等。这样做的目的是维持社群的氛围，因为一旦有社群成员做出出格行为，就会对社群造成不可估量的损失。所以，每个社群都要建立相应的群规，只有这样社群成员才会更加珍惜加入社群的机会。

四、经常互动

社群运营中任何互动的原则都必须是最大限度激发社群成员的积极性，这是保持社群活力的关键，它贯穿于内容传播、内容生产和业务转型的各个环节。因此，在社群私域流量运营中，要特别注意与社群成员的互动性。

掌握关键环节玩转社群营销

通过私域流量社群进行营销转化是很多私域流量运营者的创新之路，对于不同的私域流量社群来说，由于定位和领域的差异，商业转化模式也各不相同。

一、私域流量社群的类型

目前，私域流量社群主要分为 4 个类型，具体如表 6-4 所示。

表6-4　私域流量社群的类型

社群类型	说明
会员型	有些社群实行会员制，可以为会员提供特别服务，这种社群主要靠会员费来盈利
产品型	产品型社群需要吸引精准的客户加入社群，在引流时，会同时进行客户筛选，去除那些和社群运营内容"不对口"的非精准客户
流量型	流量型社群的关键就在于流量，通过流量的汇集来盈利和变现。对于这类社群，裂变和引流是重点
工具型	工具型社群可以为客户提供他们需要的工具，帮助客户解决实际问题，并增加客户的复购黏性

二、影响私域流量社群转化的关键因素

有人利用社群获得了相当可观的收入；也有人做社群，没过多久就变成了"死群"，浪费了时间和精力。但社群是一个很容易与客户发生连接、产生信任的地方，因此，社群成交转化比朋友圈更容易，相比朋友圈一对一的成交转化，社群是有放大效应的批发式成交转化工具。在这个成交转化的过程中，有3个关键因素需要注意，如表6-5所示。

表6-5　私域流量社群转化三要素

参与感	社群转化的参与感指的是每个人在社群里的输出，至于采用什么形式，需要提前进行策划和设计
客户思维	客户思维是站在客户的立场、时间和空间，去考虑如何将转化方式融入客户场景中，让客户能够得到更好的体验
节奏感	配合客户的作息时间，了解他们什么时间可以参与互动，互动的量是多少、深度如何等，确定转化的节奏

社群不仅仅是人的聚合，更是连接服务、信息、内容和商品的载体。所以，社群的转化形式非常灵活和多元。下面，我们来了解一下社群的转化方式，如表6-6所示。

表6-6　社群的转化方式

会员付费	会员付费即花钱入群，此时需要向客户提供入会后可获得的东西或者价值，只有提供的东西足够吸引客户，客户才愿意付费。这种模式需要社群运营人员持续输出优质内容
社群电商	社群运营者前期会通过一些免费的活动来吸引流量，沉淀客户，继而培养良好的社群运营环境，慢慢进行转化和变现
广告转化	这种转化方式实际上是把社群当作广告投放渠道，通过发布广告来快速实现收益。如果广告的覆盖率不高，会在一定程度上制约转化的效果

社群运营工具

在运营社群的过程中，如果使用一些好的互联网工具必能大幅度提升私域流量社群运营的工作效率，减少很多重复性工作，轻松打造高价值的私域流量社群。下面，就为大家介绍几款私域流量社群运营必备的运营工具。

一、社群管理类工具

利用工具对社群进行管理，将大大提升社群管理的效率，而且这些社群运营工具已经非常成熟并被市场广泛应用，具体如表6-7所示。

表6-7　社群管理运营工具

聊天狗	聊天狗是一款智能化微信社群管理工具，直接在PC端登录，无须下载，具有入群欢迎、关键词入群、关键词回复、定时群发任务、多群群发、自动踢人、智能聊天机器人等功能，可以满足社群管理需要，提高微信社群的运营效率
小U管家	小U管家有引流、新人入群及时欢迎、群签到、关键词自动回复、查询群内成员发言数、群积分、保存群聊天内容、多样化群游戏、群数据统计等上百种功能，在大大方便群运营者的同时，对群运营管理也非常有利
伙伴云	伙伴云表格主要用于导入本地数据文件，是一款针对多人的数据协作工具，可实现在线数据共享与协作，对社群进行各种数据操作很有帮助

续表

建群宝	建群宝通过策划活动,以优质活动、知名IP或极具吸引力的课程来吸引客户进群,其是一款群裂变涨粉工具
活动行	活动行是一个提供活动报名与票务的平台,能够为社群提供发布活动、报名管理及统计、补发票券与发布通知等一系列服务
问卷星	运营社群离不开调查问卷,可以使用问卷网提供的模板完成诸如问卷调查、满意度调查、报名登记表、投票评选等任务。问卷是模板丰富,而且全部免费
小码短链接	使用小码短链接将原始链接转换为短链,方便发送,还能统计每个链接的访问量,是社群运营理想的短链接统计工具
姑婆学院小程序	用于沉淀社群里的内容,且仅限于社群内部的人看,外面的人需要付费查看
微友助手	这个工具最大的用途是查看群内客户的活跃度,对于不活跃的、活跃度倒数的客户,可以考虑清理出去
WeTool	群管理工具,有自动入群、机器人自动答疑、积分打卡、成员标签等功能,可以提升社群运营效率

二、社群分享互动类工具

在社群运营中,社群分享是必不可少的社群运营操作行为。那么如何才能实现高效的社群分享呢?自然离不开一些互动类工具的运用,具体如表6-8所示。

表6-8　社群分享互动类工具

荔枝微课	荔枝微课,基于微信同步直播,以"工具+内容"为核心,专注帮助学习型社群有效进行内容输出、发布和传播
一起学堂	一起学堂集"直播+录播+重播+移动互动在线教育"于一体,是基于微信的最好用的社群直播平台,适合学习　型社群传播转化使用
Group+	Group+可为个人、企业、品牌提供强大的社群运营和客户管理功能
小鹅通	小鹅通可一站式解决社群运营中的付费转化、内容转化、客户分析等几个痛点,是专注于知识付费与社群运营的聚合型工具

面包多	面包多作为知识付费工具，可以把作品变成付费版，在社群进行分享，并获得收入
微课分享	社群有个痛点，即无法把一项内容自动同步到别的群，而微课分享可以一步实现

三、其他辅助类工具

除了裂变和分享工具，还有一些小的辅助类工具，可以方便提升社群运营效率，提高社群运营水平，具体如表6-9所示。

表6-9　其他辅助类工具

第九工场	第九工场的主要功能是制作二维码、设计定制服务、设计培训服务，便于高质量传播，是社群运营的常用工具
创客贴	创客贴提供了大量素材供用户使用，通过拖拉拽的方式，就可以轻松制作完成精美的社群宣传海报、邀请函、PPT、信息图等，是一款简单易用的线上图形设计工具
稿定设计	不需要专业水平，小白也可以设计，内置很多无版权模板，可以快速制作群海报、H5、Banner图等
docsmall	完全免费的在线图片压缩、GIF压缩、PDF压缩合并分割工具，界面简洁美观，无广告上传，没有速度限制，是社群图片压缩等操作的理想工具
teambition	免费的团队协作工具，可以进行任务管理、日常管理、文件库管理等，免费好用，适合社群等多人团队协作使用
人人秀	免费的H5在线制作工具，可以制作邀请函、产品介绍等，内置海量H5模板，是社群H5制作的理想选择
石墨文档	可以多人协作的在线文档工具，具有文档、表格、幻灯片、思维导图、表单等工具。其配色简单美观，流畅度高，适合汇总各类信息、发布重要通知等，只需要将链接发送到微信群、朋友圈等，访问者就可以看到文档内容，方便多人协作使用，如可以一起修改同一个文档、添加评论等
奶牛快传	百度网盘非会员上传文件会限速，而这款工具上传和下载文件都不限速，还有免费的网盘空间，界面简洁，具艺术气息，非常适合社群成员进行上传和下载文件之用

写出拨动客户心弦的社群文案

写社群文案，是输出对客户有用的价值、传播社群价值观，并提升客户黏性及帮助社群快速吸粉的一种绝佳方式，也是引导客户消费、实现转化的重要一环。因此，私域流量社群的运营者必须学会写社群文案。而社群文案的质量直接决定了社群产品或服务的转化率，要想写出具高转化率的文案，需把握好以下几个方面。

一、抓住客户的眼球

抓住客户的眼球，才能获得客户的关注。文案的开头最重要，也就是要写好第一句话，激发客户的阅读兴趣。那么，如何才能写好文案的第一句话呢？可以使用这样几种技巧，如表6-10所示。

表6-10　抓住客户眼球的技巧

设置悬念	好奇是吸引客户的点睛之笔，因此，开头的第一句话，一定要在客户心中埋下好奇的伏笔
够简洁	简短就是文字不能长篇大论，要尽量简洁干脆
够精准	精准就是要定位好，找对目标客户群体，否则很难引起他们的关注
会讲故事	一个好的故事，总是让人忍不住想读。可以去一些小故事网站搜索故事素材，寻找讲故事的思路
引用名言	一句承上启下的名言，能够迅速吸引读者的注意力，给文章定基调

二、结合场景创作

根据不同的需求场景，设置不同的文案。在社群的营销活动中，经常需要用到引流、宣传、促销等不同场景下的文案，下面就来介绍这些场景的文案写作方法。

（一）社交文案

在社群中如何能写出让人眼前一亮的自我介绍，从而让人记住你呢？推荐"6个1"模板，如表6-11所示。

表6-11　社群自我介绍"6个1"模板

1个身份	突出你的"职业+"通俗易懂的语言解释
1个数字	展示你帮助了很多人
1个权威	用权威机构和著名KOL背书
1个顶尖	你曾经在哪个行业领域做到顶尖
1个连接	表达你很乐意为大家服务
1个礼物	助你收获更多人脉

（二）海报引流文案

引流文案，最重要的是要搞清楚这样几个关键问题：目标是什么？目标客户是谁？客户有什么痛点？可以为客户解决什么问题？他们会获得什么好处？……一个成功的闭环文案，就是要解决这些问题。如果把它变成海报就是：

1. 标题吸引关注

2. 挖掘读者痛点

3. 满足客户需求

4. 权威背书

5. 限时限量促销

6. 零风险门槛

（三）群公告文案

群公告文案模板可以按照 4 个步骤来准备：一是提前预热；二是活动介绍，包括标题、获得感、使用场景和品质保障 4 个方面；三是价格实惠，突出价格优势；四是不停晒单，把社群的气氛推向高潮。

第七章　小程序：极微私域流量常用运营手段

　　小程序依靠微信这个大流量平台，自产品发布后，在一年多的时间里狂揽4亿活跃客户，随着小程序功能的不断完善，它的商业价值也越来越大。"不用下载就可以用"，这是每个人对小程序的印象。确实，不用下载安装，不占内存，是小程序最为人称道之处，这一点非常有助于私域流量的构建。

小程序做私域流量的优势

　　由于微信的客户数量大、使用频率高，小程序又提供了一个便捷的互动平台，因此其吸引了越来越多商家的关注。总的来说，用小程序做私域流量的优势主要有以下几点。

一、操作简单

　　基于微信的特殊场景，当商家推出诸如拼团、砍价、分销等营销活动时，客户无论是分享给好友还是分享到微信群，都不会增加其操作的难度。因此，与其他一些应用程序相比，利用小程序做营销活动更加方便，不仅操作简单，而且客户增长率高。

二、方便管理

商城小程序与现有的客户管理系统相结合，为商家收集、管理、分析和开发客户提供了可靠便捷的渠道。小程序可根据客户的消费行为和习惯，记录在客户管理系统中，生成客户画像，为日后商家做决策提供依据。同时，客户信息的变化可以通过小程序同步到客户管理系统中，让商家及时获取客户最新信息，第一时间掌握客户最新消费倾向，这也是运营私域流量的关键。

三、多元整合

一个完整的商城小程序，不局限于商品的销售，还具有导购、为客户送礼品卡等功能，可为客户提供更大的便利。在满足线上商品销售的同时，还可以提供线下门店的相关服务，突破线上线下壁垒，始终与客户保持密切关系。

四、简单渗透

微信是使用人群数量领先的社交软件，拥有一个完整的生态系统。

无论是在城市还是乡村，无论是对于成年人还是未成年人，都无须再花过多的精力去做客户培育。小程序依靠微信这样一个绝佳的平台，使得其在获得客户方面，拥有得天独厚的优势，一些传统应用程序无法渗透的庞大群体，小程序却可以直接访问。

五、较低成本

相对而言，小程序的开发成本比较低，因此现在越来越多的企业都放弃制作 App，转而将小程序作为切入点，在缩短软件开发周期的同时，亦极大减少了开发成本，使得企业可以将更多精力和财力投入营销环节。

六、快速成交

小程序通过一些媒介活动获得客户并引导其进行消费。当客户有了消费体验，想去复购时，直接在微信上就可以查找到企业的小程序"商店"，快速完成成交，方便又快捷。

小程序对商家或品牌的助力

一、费率为零

到目前为止，传统的大流量电子商务平台的费率已经越来越高，入驻门槛和限制条件也越来越多。商家入驻平台，除去邮费支出、退换货成本、人工和包装费用等，很难再赚到钱，如果再被平台抽离一部分平台费率，到手的利润少之又少。而微信小程序则是去中心环节的平台，不存在"费率"问题，而且，其独特又简单的获客方式大大减少了商家的引流成本。

二、公平竞争

国内几大传统电子商务平台内的竞争十分激烈，为了有好的销量，商家会购买增值服务，但竞争对手也会这样做，导致最后只能打价格战，进而让商家陷入恶性循环，获客成本越来越高，利润都越来越薄。但在小程序里，则没有这种竞争，因为小程序是按照地理位置的远近来获得客户，即小程序可以辐射距你店铺与公里范围内的所有微信用户，而他们，都有可能是你的潜在用户。小程序于你如此，于其他使用小程序的商家而言，也是如此，十分公平公正。

三、沉淀客户

相比入驻几大电子商务平台，入驻微信小程序的过程要简单很多，客户很容易沉淀下来，传统电子商务平台是无法做到这一点的，因为它们没有自己的私域流量池，无法形成闭环，自然想长久留住客户就很不容易。

四、助力品牌化

如果一个品牌选择入驻传统电子商务平台，那么产品在品牌化的过程中会遇到很多阻碍和限制，但在小程序内，客户是属于商家的，在实现品牌化方面没有任何限制。

五、有主动权

在小程序中，对于运营规则和会员体系商家可以自行定义，没有太多局限和约束，而且小程序开发时间较短，什么时候办活动，什么时候上架产品都是可控的，商家可以拥有更多的主动权。

六、支付方便

小程序基于微信而存在，支付非常方便，不需要跳转至其他应用程序，这对于客户来说，是非常方便、安全的支付体验。

小程序私域流量运营玩法大全

私域流量与公域流量的区别在于对客户的运营，后者是粗放式的，而前者是精细化式的。私域流量比较重视对客户的运营和维护，通过优质的内容拉近与客户的距离，进而从更深层次触达客户，为后续的转化奠定基础。而对于小程序私域流量而言，商户具备了在私域流量基础上更深一层挖掘客户价值的机会和能力，让其可以充分对客户进行促活、分层、信任等方面的经营。

一、社交分享

某农产品在上市前，其公众号的粉丝为零，在微信小程序里策划和组织了一次拼团活动后，短短一周时间内就给自己吸来了近万名新客户。他们通过小程序里的拼团活动，引导种子客户去邀请亲朋好友，最后达成购买，一起享受商家给出的福利和奖品。小程序里的拼团活动的核心就是激发起客户的购买欲，促进成交，然后引导客户分享，为商家实现裂变。

二、社区团购

某美食品牌利用小程序活动在社区便利店、宝妈群中招募团长，聚集客户群体。团购活动上线后，社区团长会主动参加，并邀请社区好友参与和购买，为商家吸引新的客户。

三、直播场景

某时尚品牌集团为更好地触达客户，在小程序上进行了一场直播销售活动，把新上市的服装全部搬上来，让模特试衣、设计师讲解，有效提升了新品的销量。

小程序直播具有颠覆性，不仅让商品展示变得更加直观和丰富，而且改变了客户的消费习惯，给客户提供了更多互动性和参与性，让客户体验升级。

四、多场景链接

某品牌通过线下商城的活动，引导客户到小程序商城上购物消费，同时在线上小程序商城设置购物券，吸引客户去线下门店使用，进而形成多场景链接，最大化开发客户价值。

五、内容运营

某服装品牌开发了一个专门指导人穿搭的小程序，通过在小程序中发布与时尚穿搭相关的专题文章，指导客户穿搭，吸引粉丝关注的同时又增加了商品销量。互联网的高速发展，使得信息技术日新月异，客户的眼光和审美也在这些信息的熏陶下逐渐提升，他们对穿衣要求越来越高，希望在买衣服时不只是买到衣服，还能够得到穿搭指点，并可以与商家实时互动等服务。所以，这个服装品牌依靠在小程序中的运营，增强了客户与品牌的联系，获得了非常好的销售成果。

六、好物圈

某专卖进口商品的小程序商城设置了好物圈，开展了推荐有礼活动，粉丝按照活动规定领取优惠券，便有机会获得高价值的奖品，极大提高了他们的分享热情，通过关系链裂变，商家客户转化率明显上升。

七、留量运营

某时装品牌，在自己的小程序首页设计了买家秀模块，买家收到商品后，可以把自己拍的买家秀上传到小程序平台上，粉丝在这些买家秀中进行参考和选择，如果看中了哪件商品，可以在买家秀中直接点击链接进行购买。这种方法助力品牌有效提升客户活跃度和停留时间，进而从流量运营走向留量运营。

八、积分刺激

为方便商家推送更多优惠信息，增强会员黏性，小程序营销还设计了积分制，有效吸引客户消费。既能够为线下店铺引流，又可以提高客户复购率，有效吸引了客户消费。此外，客户连续消费、签到获得积分，能够有效提升小程序的活跃度。

小程序运营者需具备的十大素养

随着越来越多的人拥入小程序，每个人都想利用其有一番作为。但是，想在这个新晋"战场"获得成功，也绝非易事，必须具备以下十大素养。

一、原创素养

在自媒体时代，对于一个小程序运营者来说，要想运营成功，必须有足够巧妙的观察事物的角度、足够犀利的观点和扎实的内容制作能力。这其中，扎实的内容制作能力又是最重要的，因为，内容是吸引和留存粉丝的源泉，时时有新的内容，常常有好的创意，才能吸引"喜新"的客户长期关注。

原创的内容一般都具有以下3个特点：原创的、有个人鲜明的观点和特色；不讲套话，语言生动、接地气；有干货，内容对大家有用，能够让读者从中获得一些实用信息或技能，甚至是精神上的愉悦。然而，长期坚持做到这三点并不容易，这也是很多小程序账号做不下去的重要原因；但如果能够坚持做到输出优质的原创内容，那么就一定能够迎来小程序运营的春天！总之，小程序运营需要持续输出优质的原创干货。

二、创意素养

一个能够给客户不断创造惊喜的小程序运营者，客户会随时关注其动态和更新；而要做到这一点，就需要小程序运营者有永不枯竭的奇思妙想，能够持续发布和输出优质内容，打造出自己的特色，以影响和触达更多目标受众。所以，做小程序运营，创意至关重要。

如果缺乏创意，那么小程序运营之路就会走得很艰难，因为客户很容易就审美疲劳。这个过程就像追女孩子，如果只是送花、看电影和吃饭这样的老套路，短时间内还可以，时间长了，女孩子会厌烦，失去约会的兴趣。所以，小程序运营要不断给客户提供惊喜和新鲜感。

三、审美素养

小程序运营的内容呈现形式无论是图片、文字还是视频，都是吸引目标受众的关键因素。因此，具有高水准审美素养的表现形式能够给人赏心悦目之感，可以给运营带来意想不到的惊喜。

四、热点素养

在小程序领域，借势营销是日常运营的基本操作手法。如果有新闻热点出现，要在第一时间做出反应，否则，运营很可能会收效甚微，落后于同行。作为一个小程序运营人员，要有很好的判断能力，能够从新闻中发现最能吸引大众关注的热点，及时确定热门话题。虽然这种追热点的能力与天赋有关，但也可以通过平时的锻炼来提升。

五、策划素养

在小程序运营中，要想打造品牌特色，就要有源源不断而又吸引人眼球的创意。但要想把创意变为现实，又离不开高超的策划能力。这里的创意策划能力不仅指内容的策划能力，还包括组织互动活动、引导粉丝，利用推广平台宣传自己等能力。策划能力，在对小程序运营者的能力要求中是最有难度的。要想提升策划能力，就要不断学习和积累经验，多向优秀的小程序运营者学习。

六、创新素养

作为一个小程序运营人员，要放弃个人喜好和偏见，不断接受新鲜事物，保持高度的信息敏锐度。因为小程序领域的内容丰富多样，表现形式日新月异，如果只依据个人兴趣和喜好来选择，很可能会远离大众所喜欢的表现形式，给小程序运营造成阻碍。

七、学习素养

读书可以帮助小程序运营者构建属于自己的知识体系，运营者要多看一看关于小程序运营和定位等相关领域的书籍。但这种学习不是临时抱佛脚，而是在日常的生活学习中一点一滴积累，这样才能在读书和学习的过程中充实和提升自己，将所学运用在实际操作中。

八、数据素养

一部分运营人员看后台数据的时候，只是看看而已，并没有进行分析。虽然目前各个平台的数据统计功能都很强大，但对于一个优秀的小程序运营人员来说是远远不够的。数据放在那里是"死"的,只有通过数学模型和比例关系将其整合到一起分析挖掘才能真正对运营产生作用。而且,这些数据并不是彼此割裂的,是相辅相成、相互关联的,只有学会分析数据,才能够真正了解数据背后的意义与客户行为。

九、复盘素养

作为一个小程序运营人员,每做完一次活动或完成一项工作后,都要对其进行复盘,从中总结经验,以让自己的工作方法不断得到优化。

十、抗压素养

对于运营者来说,小程序运营是一件苦差事,要投入很多的精力与时间,需要时时刻刻关注热点、写文案、找素材、做推广,有时候还要做客服。如果没有极强的抗压能力,很难坚持下去,可以说是个很辛苦的过程。但如果能够坚持下来,那么就会苦尽甘来,获得小程序运营的成功。

第八章　公众号: 百万大号必不可少的私域流量

　　微信公众号相对封闭, 交流信息时可双向触达, 同时隐私又能得到保护。而且公众号有企业背书, 可信度高, 各项服务功能较强, 线上线下均可打通, 无论是在信息传播通路还是服务延展性上等, 都拥有得天独厚的优势。所以, 现在大多数个人、品牌或企业都拥有自己的微信公众号, 其非常适合打造专属的私域流量。

公众号的十个基本设置

一、做好准备工作

　　如果建立公众号前没做好功课, 那么后续开展工作时就会毫无头绪。所以, 在公众号运营初期, 就要做到这么几点: 一是要了解自己哪个领域的能力比较突出, 分析自己在哪方面能给人带来价值, 为运营公众号找到一个好的切入点。二是要做好公众号定位。在做公众号之前可以去了解一下做哪个领域更容易获得关注，或者看一些大的公众号的文章，分析其成功的方式，然后根据自己的实际情况给公众号定位，找准自己的领域，努力创作出有价值的内容，逐步积累粉丝群体。

二、明确属性

公众号的属性必须明确，这里的属性是指公众号的类型，如订阅号、服务号等，其中订阅号偏媒体属性，而服务号偏产品属性，更适合做促销和转化类。如果是媒体类的公众号，一般建议选择订阅号；如果是产品和销售类的公众号，建议选择服务号。订阅号可以每日更新；而服务号每周更新 4 次，发送时会显示位置，还可以接入开发模板消息。在明确属性之前，可以参考新榜，这个平台把公众号类型细分为两大类 24 小类，具体如下。

资讯：时事、民生、财富、科技、创业、汽车、楼市、职场、教育、学术、政务、企业。

生活：文化、百科、健康、时尚、美食、乐活、旅行、幽默、情感、体娱、美体、文摘。

可以说，任何公众号类型，都被囊括在了上述这些分类里。

三、公众号名称

公众号涨粉速度与公众号的名字有一定的关系，名字取得好，也可以增加吸粉数的。名字里带有热度关键词，比如，最近流行的音乐、人物、故事或者网络热词，在搜索平台上出现的频率很高，如果起的公众号的名字中带有热搜词，那么就可以在不知不觉中实现涨粉。下面就一起来看看常见的公众号名字有哪几种类型，如表 8-1 所示。

表8-1 公众号名字类型

类型	名称介绍
报纸杂志等	这类是传统的报纸杂志，为之配套一个公众号，如《人民日报》、央视新闻、《南方周末》等
地名和特色	这类基本都是本地号，名字里有个地名，主要让同城的读者能快速识别，如"上海发布""最爱大北京"等
带内容属性	这类从名字上基本就知道它们的内容是什么类型，如视觉、音乐、电影等
名人的网名	这类是在别处已经出名的红人或者大V，如企业家、影视明星、新浪微博等
"网名+"内容	这类是综合内容和网名两者，不仅让人知道谁在运营，还可以知道公众号发布的主要内容，如"六神磊磊读金庸""秋叶PPT"等
社群或客户属性	这类公众号取名有两个目的：一个是匹配已有的社群；另一个是由内容风格以及目标读者来决定，如"十点读书会""我们都是文艺青年"等
传达一种场景、格调或内涵	这类从名字上看不出什么，但是可以从名字中猜出它们的格调，有什么内涵，适合在哪种场景下读，如"二更食堂""深夜发媸"等

对于公众号的名字如何取，还需要讲究方式方法，这里介绍几种常用的取名方法，如表 8-2 所示。

表8-2　公众号取名方法

类别	介绍
社群类	可以在公众号后面加上"家""圈""学院"这类词语，这样的词语在一定程度上可以给客户带来归属感
学习类	学习类公众号，最重要的是突出学习，可以加上很多与学习相关的标签
情感类	做情感类内容的账号就要起一个温暖点的名字，可以从文章类型出发命名
作者类	直接以作者名字命名，很多小说写手、作家或者相对在某个领域比较有名气的人都会这样命名，因为自己的名字就是一个很好的招牌，可以给读者树立专业领域的权威感
文艺小清新类	带有小小清新格调的公众号，可以取一些显年轻时尚且有风格调性的名字，加上青年、小姐、先生等，有时候也会成为公众号的加分项

四、公众号头像

头像是公众号的第一印象，可以根据公众号的名字或者人物形象、功能特点来设计，一个好的公众号头像，一定是简单、清晰、极具个性的，且能为涨粉起到一定作用。

五、功能介绍

公众号的功能介绍主要是向读者说明这个公众号是做什么的，可以提供什么服务。因为公众号数量多得数不胜数，因此，在自媒体的"汪洋"中，要想让读者记住自己的公众号，就一定要突出自己公众号的功能和价值，即公众号是干什么的，能够为读者带来什么好处等。

六、消息回复设置

自动回复、关键词回复、关注回复、收到消息回复等功能，如表8-3所示。

表8-3　消息回复设置

关注回复	公众号设置关注回复，不仅可以给客户留下好印象，还可以突出公众号的个性化
关键词回复	关键词回复在很多情况下可以作为一个引流的渠道，放在关注后回复的文案里，回复内容可以是文字、图片、视频、链接推送等。这样，客户在页面输入关键词，就可以收到公众号的设置回复
收到消息回复	这种类型的回复，需要开通开发者功能、编写代码，在接收客户信息时，自行根据需求通过代码进行回复

七、自定义菜单栏

关于微信公众号菜单的设置，只需登录微信公众号账号，进入公众号后台，点击自定义菜单，根据自己的需要进行设置。在"菜单分析"这一栏，可以查看与客户相关的数据，多留意这些数据的变化，进行适当的调整和优化，以让公众号的运营更精致。

一个公众号最多可以设置3个菜单栏，每个菜单栏可以设置5个子菜单。菜单名称可以自己设置，但是一级菜单只能是4个字符内的，二级菜单名字在8个字符内。

通过菜单可以发送文字、图片、图文消息等，也可以链接到网页或者小程序。菜单栏的存在丰富了公众号的功能，也方便客户获取知识。

八、赞赏功能

当前，公众号赞赏账号的数量是有限制的，同一个作者新发布三篇原创文章后就可以获得一个赞赏账户的邀请名额，以此类推。赞赏名称暂不支持修改，设置时需谨慎填写，且赞赏账号只用于原创文章的赞赏收款，一个人只能有一个账号。

九、原创管理

（一）原创文章管理

发布新文章时，只有标明原创才能出现在原创管理中，点击每篇文章后面的转载设置，可以对单篇文章设置转载类型，在转载数据栏可以查看被转载的次数和分享的情况等。

（二）长期转载账号管理

转载，简单理解就是把别人原创的东西搬到自己的公众号上，为了尊重原创作者，一般需要根据对方提供的转载注意事项以及平台转载规则进行转载。长期转载账号一旦开了白名单，对方便可以直接转载，不用再针对每一篇文章单独申请开白。

十、管理设置

在人员设置栏，可以修改管理员信息。建立公众号的就是管理员，其他都是运营者。一个公众号只有一个管理员，但可以有多个运营者。

运营者分长短期，长期可以有 5 个，短期可以有 20 个。

长期运营者经管理员确认授权后，可长期进行登录和群发操作。

短期运营者经管理员确认授权后，一个月内可以进行登录和群发操作；一个月后运营权自动过期，如需继续运营则要重新绑定。

公众号运营的五个技巧，破解选题困局

对于公众号运营来说，最重要的就是选题。公众号每天发什么内容，是让很多运营者头疼的事情，毕竟如果找不到和选题相关的内容，创作也就失去了方向，更谈不上精准。比如，一个运营时尚美妆资讯类的账号，不会去做两性内容的选题。由此可见，每一个公众号都要根据明确的内容定位去确定选题。下面，有几个找选题的方法分享给大家。

一、开选题会

这么做是从工作机制上保证选题的连续性、高质量、准确性和有效性，与少数人闭门造车相比，这种方法会产生很多创意和思路。因为每个人都有自己的思维方式，有时候用自己的力量很难实现突破。可以在固定的时间召开选题会，选题会议不需要很长时间，只要预先设定一个大致的方向，让大家畅所欲言即可。开会前，每个人都要有所准备，在会议期间要表达自己的想法和观点，通过思想碰撞，相互启发，就会引出许多好的话题。

二、热点借势

追热点是所有公众号的最爱，为了不错过任何追热点的机会，很多公众号的运营人员时刻都拿着手机刷朋友圈、刷微博，或者在行业垂直网站找热点。但追热点也要有正确的方式，注意选题的角度，才能更好地追热点，而不是强蹭热点。

这里有一个热点公式，就是"热门关键词 + 内容定位 + 客户痛点"。比如，在情人节，"爱情、礼物、单身"等关键词就是热点，结合官方账号的内容和客户的痛点，可以选择的话题有《创业者过情人节指南》《情人节，我该见投资人还是陪女朋友？》《科技大佬，你不知道的爱情故事》《有一个正在创业的男朋友是怎样的体验？》《那些背后的女人，她们才是最好的天使投资人》等。

这个公式的优点是保证所选的选题不会偏离，其内容受到公众号内容定位和客户痛点的限制，基本上符合公众号的选题方向。

三、借鉴爆文

借鉴爆文和前边的一些方法基本类似，属于借助灵感做选题。当你看到一篇文章时，试着把它转换场景，看看是否可以与你的公众号的内容、定位发生关系，如果可以，就试着创建一个选题。比如，看到一篇爆款《你现在流的泪，都是找对象时脑子里进的水》，针对这篇爆文，很多公众号都进行了二次创作，比如：讲文案写作的公众号可以改成《你写稿时流的泪，都是定选题时脑子里进的水》；创业领域的公众号可以改成《你创业时流的泪，都是找项目时脑子里进的水》；情感领域的公众号可以改成《你在婚姻中流的泪，都是找对象时脑子里进的水》；卖车的公众号可以改成《你开车时流的泪，都是买车时脑子里进的水》；等等。

可见，向爆款文章学习，实际是一种套路的学习，然后将其场景和结构运用到自己的选题中。该套路可以是主题选择，也可能是选题创意或表达套路。

四、死磕痛点

死磕客户痛点，建立选题库是最重要的选题方法，可以按照以下几个步骤进行：一是对于找到的环节，再进一步地细分。比如，针对创业者的需求和痛点，可以先拿"找项目"这个环节来分析。创业者找项目时会遇到哪些问题呢？比如，什么项目成功率高，什么项目风险低，什么项目更容易拿到融资，什么项目属于低投入高产出项目，什么项目进入门槛比较低，等等，可以列出许多问题。而这些问题，都可以成为选题。二是明确细分客户群体，深入客户的生活、工作场景中，在每一个环节都去思考客户可能遇到什么难题、需要什么样的帮助等。比如，做创业类账号，那么客户群体就是创业者和想创业的人员。这个群体的需求和痛点一定是找项目、招人、融资、管理团队、产品推广等，每一个环节都可以找到创业者的需求和痛点。三是找到选题之后，针对这些需求和痛点想出解决方法，这样就又产生了一大波选题。这种找选题的方法，需要回归到客户身上，考虑自己能为客户创造什么价值。如果感觉缺选题，就说明自己对客户了解得还不够。

五、紧跟同行

时刻关注同行账号、竞品账号、同类型账号的内容发布动态，对于公众号运营来说，这是非常有效的找选题方式。但要注意，关注并不代表要"偷"同行的选题，而是定位相似，客户群体相似，同行的选题往往能够提供很多灵感和启发，让你更容易找到合适的选题。虽然这种方式没有技术含量，却意味着可以站在别人的肩膀上思考，少走弯路。

创作自带传播力的内容

随着互联网的飞速发展，各类信息泛滥成灾，内容同质化越来越严重。在这种时代背景下，公众号私域流量的运营者如果想更好地实现推广引流，在传统的营销方法和节奏失效之后，持续创作出自带传播属性的内容，才是永远不变的推广引流的王道。

一、有传播力内容的特点

在互联网时代，人们的思维认知已经发生了变化，从过去的"线性的、高参与度"转为"非线性的、低参与度"。过去读者阅读一本有十几万字的书都会非常专注，但如今在网上阅读 1000 字的内容都无法集中精力，随时可能被打断，跳转去看别的文章或者被突然弹出的广告分散注意力。

在这种条件下，只有具备如表 8-4 所示特点的内容，才有可能让客户沉浸。

表8-4　有传播力的内容特点

与客户有关联	以客户自身为出发点。客户更喜欢与自己有关联的内容，能够从中找到自己需要的知识和有用的资讯，或者参与其中，这种内容就是客户最喜欢看的
内容接地气	据相关数据统计，公众号私域流量的内容创作，如果想获得更为可观的流量，最重要的还是接地气。因此，多发一些与客户的生活贴近的内容，其推广引流的生命力才会更加强大
能够引发共鸣	公众号私域流量运营最大的特点就是每个网络客户都是内容的生产者和传播者，同时兼具传播与生产的权利，这就决定了那些能够引发客户共鸣、触动客户内心情感的内容，更具有传播的优势

二、创作有传播力内容的关键因素

对于公众号私域流量的运营，无论什么样的营销手段和方法，都是外在的，如果想提升公众号的影响力，还是需要回归到内容价值本身，即创作出具有传播力的好的内容，才是关键。

（一）有观点

要想在海量的内容创作中脱颖而出，让别人点开你的内容就想继续看下去，那么就要做到内容的观点与众不同，要有创新、有创意，内容能够充分激发的兴趣，满足的需求。

独特的观点才是最有吸引力的。就像明星和网红打造自己的个人品牌一样，只有独一无二、不可复制的人格魅力，才能够让别人记住和喜欢。所以，进行公众号内容创作时，要善于从人们习以为常的观点中做反向切入，提炼出具有反差感的观点。比如，人们都在讨论"奋斗的都是社会精英"的话题，那么你可以表达"底层人民也可以逆袭"的观点，反其道而行之，一下子就能引起别人的注意。

（二）有态度

在进行内容创作时，要有明确的观点、详细的论述、贴切的例子，相互呼应，所表达的内容一定是自信的。且表里如一的，对所写的载物有明确的态度和观点，从而吸引到和自己有相同看法的人来阅读内容，关注公众号。

（三）有价值

所谓的公众号私域流量运营的价值是输出的内容有料、有货。比如，提供"干货"的公众号，应输出经验、技术类的专业性比较强的内容，可能这个内容传播的市场并不大，比较小众化，但在目标人群里是有较强影响力的，那它就是有价值的。比如，有一个公众号发布的文章都是关于文案创作方面的干货经验，缺乏娱乐性，比较枯燥。可能喜欢看的人不多，但是有意愿、想要学习的人，或者想自己做私域流量的创业者会非常喜欢看这样的内容，因为这是他们需要的。所以，要坚持专注于某一个领域进行深耕，要知道，这是一个厚积薄发的过程，只要创作的内容有价值，就总会有被人发现和喜欢的一天。

（四）有风格

公众号的运营要有自己的风格，不管是文艺小清新风格，还是专业严谨的技术风格，抑或是乖张、不走录常路的奇异风格，都要能让人从字里行间看出来，这就是创作者的风格。不管写得好与坏，总有人喜欢或不喜欢，风格输出就是为了找到志同道合或者说"臭味相投"的人。

例如，有的公众号文章，主要是以分享干货为主，内容偏理性，喜欢看的读者都是些学习型的人；也有的公众号输出的内容肤浅且广泛，适合一些有闲暇时间的人读来消遣；还有的公众号内容，偏趣味性和娱乐化，适合一些喜欢猎奇又爱八卦的人阅读。事实上，这些风格没有好坏之分，因为阅读倾向就是多元化的。所以，在打造内容时，除了让内容的基调符合社会主旋律外，还要保持自己的内格，来不断吸引别人的关注。

调动情绪，让客户对你的内容上瘾

对于公众号私域流量运营者来说，客户群就是一批拥有相同兴趣爱好的人聚在一起，共同阅读公众号发出的每一篇文章，然后通过留言等形式与运营者沟通、交流，进而产生各种共鸣情绪。

一、人的状态不同，阅读倾向则不同

人们在工作和生活中总是有着不同的状态，而状态的不同，导致人们所关注的内容的重点也不同，如表 8-5 所示。

表8-5　人不同状态所产生的阅读情绪

状态	情绪
工作状态	当人们在工作中遇到了难以解决的问题时，通常会暂时把烦恼放在一边，随意拿起手机刷信息，无论是听音乐、看视频，还是读文章，都是随意的，只是为缓解情绪并没有强烈的目的。因此，多半会选择一些轻松和娱乐性的内容来阅读，而不会去读那些需要集中精力和思考的正而八经的内容，否则达不到缓解坏情绪的目的
休息状态	当人们处于休息状态时，情绪会比较放松，所以通常会给自己空出一段时间来阅读。这种休息状态下的碎片化阅读，就像人们给自己的一份精神奖励。因此，在这种状态下，人们会选择阅读一些有深度且能够引发自己深思的内容

二、正确调动客户阅读情绪的方法

让客户对你所经营公众号的内容"上瘾",是充分调动客户阅读情绪的好方法。那么如何才能做到让客户对公众号内容"上瘾"？可以从以下3个方面考虑。

（一）触发

所谓触发,就是给客户一个阅读的理由,即让客户有阅读的动力。而兴趣又是激发动力的关键。因此,只有当客户对公众号的内容产生兴趣,才能充分调动起客户的阅读情绪。触发客户阅读兴趣的方法和形式,如表8-6所示。

表8-6　触发客户阅读的方法和形式

触发方法	从情境、情绪和时间3个方面进行触发。比如：描绘与客户需求相一致的情景,令客户快速入戏,身临其境；或者放大客户的情绪,引发其情感上的共鸣；也可以固定时间推送,具有很强的暗示效果。比如,七点半的新闻联播、十点读书等。因此,公众号的运营者要想办法直接触发客户,令其对公众号内容"上瘾"
触发形式	阅读情绪的触发,有两种方式：一种是直接刺激客户需求,如新闻类、知识类公众号提供的内容；另一种是放大客户内心的各种欲望和情绪,激活其痛点、兴趣、渴望,如情感类公众号提供的内容

（二）行动

触发是为了让客户行动,而行动则是客户满足自我需求的表现。但是,如果希望客户按照自己的想法进行操作,那么触发的操作应该简单易行,如转发、评论、集赞等。

（三）投入

想让客户产生共鸣，采取相应的行动，必须让他们有所投入。当客户在某篇文章的评论中看到与自己相符的个人情感、经历、看法时，这篇文章在客户眼中就有了分量，客户会持续投入时间和精力去关注。事实证明，客户投入得越多，黏性就越大。这种方法等同于提高客户的"沉没成本"，是让客户"上瘾"的关键一步，因为只有付出努力得到的东西人们才会格外珍惜。

吸粉拓新的关键是从 0 到 1

公众号私域流量运营，最关键的就是吸粉。衡量一个公众号运营得是否成功，最重要的标准就是看其有没有足够多的粉丝基础。如果想通过私域流量运营实现长远发展，那么自然离不开客户和粉丝的支持。在互联网时代，公众号的增长是呈指数级的，如果有大量客户和粉丝支持，那么公众号的流量也有可能实现指数级增长。总的来说，可以通过以下几种方法来实现吸粉的目的。

方法一：熟人效应

熟人效应是一种心理学概念，是说世界上任何两个人都能通过五六层中间关系触碰到。因此，当公众号处于运营初期，没有粉丝关注时，可以通过熟人效应，让自己的家人、朋友、同事帮忙转发和推荐，从而增加公众号内容的曝光度和阅读量，扩大客户群体。

方法二：活动涨粉

很多公众号推出了留言、点赞、点评等活动，如果奖品足够吸引人，采用这种方式的效果会很好。为了获得奖品，很多读者会拉着家人、朋友或同事评论留言，直到拿到奖品。对于商家而言，只要有人参考，吸粉的目标就可以实现。

方法三：借助热点

如果发生重大事件，要迅速就该事件进行记叙、评论，过程中观点要鲜明，立场要坚定，要能够引起读者共鸣。一般来说，如果内容能匹配到热点事件关键词，那么被人们搜索到的概率就会增大。而且，文章写得好，观点独特鲜明，阅读量就会随之增加，自然就会引起更多人的关注，所以蹭热点也是吸粉的好办法。

方法四：软文引流

微信公众号后台如果检测到硬性的营销推广信息，会对发布这些信息的公众号限流，所以很多品牌和商家都会写软文做推广。如果是用软文的方法引流，那么要注意分析一下文章发布和推送的范围、领域和目标人群，与公众号发布的内容和定位之间有没有关联性。关联性高，才会有流量进来，否则很难找到精准客户，不会有好的吸粉效果。

方法五：互推涨粉

互相推荐在粉丝比较多的公众号之间是一种常见的涨粉方式，两个公众号通过沟通，达成合作，互相为对方打广告和推荐。但是，这种玩法的前提是要找粉丝量差不多的公众号，而且自己的粉丝要有一定的黏性，否则互推之后，粉丝全跑到对方的公众号里，不再关注你的公众号，那就得不偿失了。

方法六：及时回复互动

公众号信息公布后，要多关注平台阅读量与客户的互动情况。对于没有互动但阅读量大的平台，可以在未来投入更多时间运营；在阅读量少的平台可以花相对少一点的时间来运营操作，逐渐将重点转移到阅读量好的平台上。同时，如果发现客户留言，要及时与其互动，如回复评论或私信等，让客户感受到你是一个真实的人，从而获得客户更多的信任。

第九章　视频号，精准引流是关键

众所周知，2020 年 1 月 21 日，微信正式开启内测，推出了一个人人都可以录制和创作视频的内容平台——视频号。独立于公众号，入口嵌在微信发现页面，位于朋友圈下方。在视频号上可以发布不超过一分钟的视频，或不超过 9 张的图片，还可以加上小短文和公众号的链接，传播和营销效果很好，也就是说，视频号或将成为社交领域最大的私域流量池。

视频号基础功能和营销功能

视频号初期分为两种：一种是已开通观看入口权限，但是未开通发布视频权限；另一种是两个权限都已开通，既能看又能发。相比微信企业号，做私域流量一定不能忽视视频号。下面我们就先来了解一下视频号的基础功能和营销功能。

一、基础功能

（一）发布图片功能

尺寸：竖屏（1080×1230）；横屏（1080×607.5）；数量：9张以内，单图展示（建议在图片上加翻页提示，不支持识别带二维码的图片）；大小：单张不超过5M；推文：可以超过140字，超过3个非空白行会折叠。

（二）发布视频功能

尺寸：竖屏（1080×1230）；横屏（1080×607.5）；时长：60秒以内，超过1分钟的视频会被裁剪；大小：视频大小不超过30M；封面：不支持自行选取封面，只能直接使用视频的第一秒画面作为封面，所以剪辑时选好第一帧画面很关键。

（三）点赞、评论、关注功能

点赞：可以给好的视频点赞；评论：留言个人想法等；关注：可以点击头像／名字，关注视频账号；点赞、评论、关注的数量，决定了视频的推广流量，流量越多，看到的人就越多。

二、营销功能

（一）入口位置有优势

视频号的入口非常好找，与朋友圈入口在一起，是一个跳出朋友圈的入口。因为视频号中的内容是平台基于社会关系和算法机制推荐的，所以，从观众的角度来看，可以学到很多，得到很多信息，甚至通过视频号进入更多人的圈子。从运营商的角度来看，可以通过制作垂直内容来吸引整个微信平台的精准客户。也就是说，运营商不需要自己去找那些潜在的客户，平台会根据视频号的内容进行自动匹配和推荐。

（二）添加公众号链接

公众号文章可以链接所有业务。如果注册开通了视频号，那么可以在每个视频下方添加一个公众号链接。目前，此链接仅针对已经在公众号发布的文章，这样做会大大提升引流效果，主要表现在两个方面：一方面，可以添加公众号所有文章的链接，这意味着既可以推广自己，也可以推广别人。也就是说，可以把视频号的流量引到任何公众号上，不仅是自己的公众号，也包括广告商的公众号。另一方面，可以把视频号作为产品和项目的流量入口，作为一个私域流量池来运营。但是，视频号里的视频一定不要放二维码，否则就违规了。

视频号是冷启动模式，这就是为什么很多人初期运营视频号时没什么播放量的原因了。实际上，从选题策划、内容制作到发布作品，这些都只是准备工作而已。发布完成后，还需要有视频号来推广和运营，否则极少有内容能自发扩散出圈。视频号的推荐机制是点赞推荐，给视频点赞后系统才会将该视频推荐给朋友的朋友。所以，在视频号上发布作品后一定要及时点赞推广。

视频号推荐机制和内容制作要点

如果想运营好视频号这个私域流量池，获得好的引流和转化效果，那么就要先了解一下视频号的涨粉机制，主要包括以下 3 个方面：

一是微信好友。微信好友给视频号的视频点赞后，视频作品就会被朋友的好友看到，好友打开视频后，同样可以点赞、评论，这样该视频又会被好友的朋友看到，如此循环操作，播放量和点赞数就会越来越多。所以，前期推广还是要在自己的朋友圈好友身上多花些心思。

二是"朋友圈 + 公众号"。其一要把视频号转发到朋友圈，让更多的微信好友看到，进行互动，通过朋友圈引流到视频号；其二从公众号引流到视频号，每篇文章都附带视频号链接，视频号、朋友圈、公众号三者之间相互引流。

三是"视频号 + 公众号"。视频号下方可以放公众号链接，因为视频号的受众群体更大，内容更加发散多元。

综上所述，视频号的规范和推荐机制相对较为严格，在内容和形式上，始终是优质的内容才能获得系统更多的推荐。那么，如何才能拍出优质的内容呢？可以从以下几方面入手。

（一）视频时长

虽然视频号时长是 1 分钟，但如果视频内容不是特别优质，建议最好不要做太长。尤其对新手来说，视频内容保持 15~30 秒是最佳时长。过长的视频会影响完播率，完播率上不去，很难得到系统更多的推荐。

（二）视频名字

给视频内容起名字的关键就是要很容易就被客户记住，所以视频发布的内容要相对集中在一个垂直领域，涉及面不要太宽，要有一个大致的运营方向，尽量能够将运营特点在名字中体现出来。比如，可以从视频号所提供的具体功能的角度来定位名字，要考虑视频号具体能够给受众提供什么功能，比如，客户需要哪个功能时，就会搜索你、关注你。

（三）视频封面

视频封面要统一。当客户进入视频主页，都会先通过视频封面来了解视频的内容。因此，视频最好有统一的封面，且封面要有吸引力，让客户看到时会产生兴趣，这样更容易引起关注，达到涨粉的目的。

（四）内容简单

优质内容的第一条标准，就是能让客户看懂。所以在内容的制作上，越简单越好。太过复杂的内容会增加客户的阅读成本和理解成本，这样会减少客户观看的兴趣。所以，尽量少用专业词汇，用语应通俗易懂。此外，要保证所发布的内容一定是原创，且跟视频号的定位相关，这样才能达到持续吸粉的目的。

（五）基础推广

做好视频号的基础推广工作，即利用自己的朋友圈、社群、好友进行推广，提升作品的完播率和点赞、评论、转发量等数据值，这是平台衡量视频价值的指标。有了基础的播放数据，更容易获得平台的推荐，否则如果作品的冷启动效果不佳，会直接影响后续平台的推荐。

（六）持续更新

不管是在哪个平台，优质内容永远是吸粉的最好利器。在视频号上比较受欢迎的话题内容有美食、技能、搞笑等，可以根据热门属性去创作，持续更新，更容易出爆款。

评论区引流和开直播引流

一、评论区引流

开通了视频号的客户可以在别人的热门视频下方留言，显示为蓝字，区别于未开通视频号客户的灰色字体。其他人看到留言后，点击视频号名字，可以直接到达你的视频号主页。视频下方有一条留言是直接展示在视频下方的，必须满足点赞数大于 3，才可以置顶留言。结合留言置顶和更新后的留言区，可以实现一定程度的曝光和引流。

（一）评论区引流方法

评论区引流，可以围绕以下几个方面进行：

1. 关注完播率

写评论的时候，视频是持续播放状态，评论写完，视频内容就播放完了。所以，要鼓励客户去评论，这样可以提升完播率，完播率越高，系统推荐率就越高。

2. 增强客户黏性

评论区评论多，客户黏性高，氛围就形成了。因此，运营视频号初期，营造评论区氛围很重要，前期关注的粉丝很容易成为视频号的铁粉。

3. 提高停留时长

如果评论区运营得好，很多客户看到评论后都会好奇地去看，无形中就增加了停留时长，即使不评论，完播率也会提升。做视频内容的关键就是抢占客户的时间和注意力。

如果视频号的评论区活跃、完播率提升，将非常有利于系统推荐，被系统持续推荐就有可能做成大号。

（二）提升评论区评论量的方法

如何提升评论区的评论量？可以从以下几个方面入手。

1. 掌握引导评论的 6 个技巧

这 6 个技巧，可以灵活运用在视频的标题字幕、内容及视频的结尾。

技巧一：引发讨论——"快猜猜这是哪部电视剧的插曲""一人说一

句当地的童谣吧！"

技巧二：征求意见——"喜欢什么歌？在评论区告诉我！""喜欢什么类型的电影？在评论区告诉我，下期讲解。"

技巧三：倾诉树洞——"你今年有什么愿望吗？在评论里留言，日后再来看！""在这里留下你对青春想说的话吧！"

技巧四：游戏测试——做测试、玩游戏等，如果视频内容比较有意思，也会吸引很多客户去评论。比如："选卡片，看你是什么性格的人。""5 秒之内，说出你最爱的三个人。"

技巧五：恰当提问——"你最近一次砍价砍了多少？""嘴角上火，有没有消火的好方法？"

技巧六：福利放送——"在评论区留言，给点赞数最多的人送东西。"

2. 引导客户评论

发完视频后，自己要先评论一下，这样可以起到引导客户的评论的作用，具体表现在：一是可以加强客户对表达观点的理解；二是激发客户评论的欲望；三是可以在一定程度上起到控评的作用。留言容易与客户产生连接，也容易获得客户点赞。

3. 及时回复评论

客户评论后，都希望得到视频运营者的回复。如果被回复，客户会感觉自己的评论受到了重视，进而对该视频号产生好感，自然就会关注视频号。

4. 故意留槽点

有的人的视频号之所以点赞、评论都很多，是因为其视频中有很多槽点，比较搞笑有趣。还有一些人，2019 年发的视频说成 1997 年的，故意算错，留下槽点，评论区就有很多人纠正，评论量多了，完播率就提升了，互动数据也就多了。不过这种要慎用，经常玩会适得其反。

由此可见，运营好评论区，既能提高互动率，获得更多系统推荐，也能让视频号持续而长久地运营下去。所以，要把握好评论区，这是和粉丝互动的直接交流入口。

二、开直播引流

目前，视频号已开通了直播功能，具体操作方式为：在客户个人页面点击"发起直播"按钮，即可随时随地开始直播。

在开始直播前，客户能收到开播通知，如果想看直播的用户，可以在直播开始时点进去观看。

直播引流的优势明显，同时，在直播时，也要讲究策略方法的运用。

1. 直播引流的优势

微信视频号开直播引流的优势，简单来说有以下几个：

（1）提高曝光率。直播是视频号引流涨粉的核心打法。首先，在直播前可以把直播间在公域平台上进行曝光，将公域平台的流量引入视频号中。其次，在直播活动进行过程中，可以设置一些有奖励的活动调动更多用户积极观看直播，增加点赞和转发量，提高视频曝光率。

（2）提升流量转化。在视频号直播中，很多主播依托大量的粉丝通过读产品、做活动等商业行为顺利变现。

（3）最低成本运营。做直播可以最大限度地增粉引流、变现，但所花费的运营成本却极低，是视频号火爆款运营的最佳手段。

（4）粉丝黏性较高。如果主播很受粉丝喜欢，加之在直播时其能够持续输出受粉丝欢迎的内容，那么粉丝就会一直追随主播，大大提高粉丝黏性。

2. 直播引流的策略

一般来说，视频号直播门槛较低，粉丝数量能够通过在线人数直接体现出来。因此，进行视频号直播的主播人数较多，从而导致竞争加大，如果在直播时不讲究些策略方法，只一味进行枯燥的直播，那想要脱颖而出是很难的。那么在直播时应该运用哪些策略来增加引流呢？

（1）走心视频介绍。经常观看视频号直播的朋友会发现很多视频号入口处有直播简介，主播应该在这些文字中明确直播的核心亮点是什么。一旦粉丝感兴趣，他们会根据简介进入直播间，让直播达到引流的效果。

（2）才艺更具吸引力。视频号直播竞争激烈，因此，在进行直播时，如果只是单纯枯燥地输出内容，那么相信粉丝很快就会失去耐心和兴趣而离开直播室；相反，如果在进行直播时主播时不时穿插一些很有吸引力的才艺表演，如唱唱歌、跳跳舞、弹弹钢琴、表演表演脱口秀或讲讲笑话等，那么立马就会调动起粉丝观看的兴趣，从而增加粉丝停留观看、点赞评论等行为，大大提高转化变现率，直播也就取得了圆满成功。

（3）形象与品位是吸粉关键。在直播过程中，主播的一举一动、言语谈吐等都被粉丝尽收眼底，因此在直播间主播必须时刻注意自己的形象，努力让自己的形象成为吸粉利器，而不是掉粉的"催化剂"。首先，主播必须注意自己的服饰穿搭和发型妆容，不能太过随意，一定要与所直播的内容和自己的气质相吻合，这样才有利于粉丝了解你并快速从心理上认可你。其次，主播要注重自己内在气质和品位的培养，要让自己看起来有一定的文化底蕴，不能一开口就"露怯"，显得说话很没有水平和缺乏逻辑，让粉丝看了大跌眼镜，认为主播只是徒有其表的花瓶和摆设，无法满足他们从直播内容中学习的需求，从而失望离去。

利用视频号打造个人 IP 引流

在视频号运营中，可以通过打造个人 IP 的形式来进行引流。比如：卖减肥产品的，就把自己打造成减肥专家；卖课程的，就把自己打造成某个领域的佼佼者；等等。为什么要打造个人 IP 呢？因为这样会让自己在某一领域看起来更专业，从而扩大影响力，获得越来越多的粉丝的信任，以便更容易地吸引到精准流量。用视频号打造个人 IP 可围绕以下几个方面进行。

1.做好创作与发布工作

视频号经营初期，在进行视频创作时，首先，要注意不要将作品搞得太烦琐和花哨，只须"视频内容 + 简洁犀利的标题 + 简单的背景音乐"即可，要突出内容本身，内容越真实、越接地气，就越容易让人接受。其次，要控制好时长，最好在 30 秒以内，以提高完播率，获得系统更多的推荐机会。

视频制作完成，如何发送也是有规律的，在初期最好每天发送一个视频，不可发太多，否则会适得其反，不但没多少人看还会遭到系统限流。在视频号运营相对成熟的中后期，可以趁热打铁每天适当多发些作品，来获得更多粉丝的关注，提高转化变现率。

2.做好准备工作

个人 IP 定位，与自己推广和营销的产品要挂钩，在此基础上，再有针对性地分享一些专业知识，具体包括如下：

一是专业干货。如果你是卖减肥产品的，那么可以从 3 个渠道获取专业知识：一是百度搜索，二是公众号，三是淘宝。比如，百度搜索："怎么减肥""减肥的方法"等关键词，从中可以找到很多与减肥相关的专业知识。

二是产品呈现。最好有一个简单的摄影棚，拍摄的时候布置一下场景。比如，买一些小摆件，不同的产品适合不同的场景摆件，来营造与所卖产品相适应的范围。

三是效果展示。所谓效果，就是使用产品前后的变化对比。比如，减肥前后的变化对比，美白前后的变化对比，健身前后的变化对比等。

四是客户反馈。把平时朋友圈发的反馈图，全部搜集整理出来，制作成照片或者小视频，发在视频号中。

3. 打造个人 IP

运营视频号一段时间后，可以开始打造个人 IP。个人 IP 的名称要有亮点，最好带有能够解决客户某个痛点的字眼，让客户看后立马就想要关注。比如，你是卖护肤产品的，那可以写"肌肤问题解决专家"或是"美白我最拿手"之类的。此外，还要给自己制订一个打造个人 IP 计划方案，包括个人魅力展示和视频内容运营等，让个人 IP 打造更专业，视频号内容传播更广泛。

利用视频号推文引流

很多客户已经成功开通视频号，也发布了不少视频，但都反应平平，更有甚者发了几个作品之后就放弃了。这样视频号运营商定无法获得成功，那么如何让自己的视频号内容火起来呢？视频号引流推文是不能忽视的环节。下面就给大家分享几个视频号引流推文的写作技巧。

一、结论法

这种视频号引流推文的写作技巧是直接给出结论。比如："这款手机拥有超大内存，可以装下 1000 张照片，是送给热爱自拍的女友的绝佳礼物。"

这句推文，因果逻辑关系清晰，结论很有说服力，推广引流效果明显。

二、归纳法

许多人在写视频号推文时洋洋洒洒写了很多字，却被客户反问，你究竟说的是什么？这说明视频号运营者在写推文时缺乏提炼归纳的能力。

现在是快餐式阅读时代，客户大多是利用碎片化时间进行阅读，所以在看一篇推文的时候，很多人想要先看到结论，以判断这是不是自己需要阅读的内容。如果推文上来就亮出结论，让客户看到第一句话就知道推文写的是什么，如果不感兴趣，马上走；如果感兴趣，则继续往下阅读，这有点儿相当于新闻导语，往往对于精准引流非常有用。

比如，现在要推广一款手机，首先要找出最想向消费者传递的信息，也就是结论，最好归纳为一句话，比如这款手机是"性能小超人"，然后分别从处理器、屏幕、摄像头等方面来进行说明，让人看后充分认同内容开头给出的结论，对产品产生信任感，购买的可能性很大，大大提高了引流的精确度。

三、数据法

什么样的理由最有逻辑性？数字或数据无疑是最容易让人信服的。把数字作为亮点和证明，可以让消费者产生信任感。比如：

超大内存容量。

将 1000 首歌放进你的口袋。

显然，这两句推广文案中，有数字的一句更有说服力，更能打动人心。

四、印证法

当我们没有买过一款产品时，会特别想看看用过的人怎么评价。如果别人都说好，并且内容真实可信，那么我们也会跟着下单。"金杯银杯不如人的口碑"，这就是客户评价的作用，可以印证产品是好是坏。无论卖什么，客户评价都非常有效，比任何广告都管用。比如：

我以前有 ×× 烦恼，自从用了这款产品，问题解决了，我很开心。

当其他人看到这样的评价后，如果有相似烦恼的人，多半会打消对产品的顾虑，选择下单购买。

　　既然客户评价那么管用，因此在挑选客户留言进行展示的时候，就要选择那些语言生动、真实客观，又能够一语击中用户痛点的有代表性的评论来当作榜样。比如：对智能手机的核心点评——智能化、易操作；对洗衣机的核心点评——洗得干净；等等。

五、自黑法

　　自黑式的种草方案，采用了一种反常识思维，能够让推广更接地气，有利于拉近与客户的距离，给客户留下有趣、幽默的印象。比如：

　　它很丑，但是它能带你去想去的地方。

　　大众甲壳虫汽车这则自黑式推文给客户带来的信息是，汽车外表看起来一点也不亮眼，甚至还有些笨拙，但并不影响它的强大性能，它能够给你带来驾驶的便利和好处。由此可见，自黑是一种恰到好处的沟通方式，能拉近与客户的距离，降低客户的预期，给自己减少压力。

　　通常来说，自黑的作用有两个：一是避免尴尬。对于产品的劣势，有的视频号推文选择避而不谈，而厉害的推文会选择直言不讳，用自黑的方式，把"难以启齿"的事情说得有趣又能让人理解和接受。

这款电脑性价比极高，冬天可省一个暖宝宝。

此推文巧妙地将电脑"散热性不太好"的缺陷用自嘲的方式有趣地表达了出来，这样不但弱化了产品缺点，还易于被客户容忍和接纳。

二是增加好感。自黑是为了以一种谦虚的方式夸自己。比如：

美白效果过佳，你有可能会过不了安检。

酒太好喝了，不该喝的时候也偷喝，会让你失职哦。

以上两则似贬实褒的推文表达方式，通过暴露一些无关痛痒的缺点，来展示一些优点，不仅幽默风趣，还让人印象深刻。

后　记

在本书的写作过程中，以下团队及个人提供了帮助，在此深表感谢。

仇晓霞（微信 Qxx0801），微谷闪电百万富翁体系总运营，品牌商学院体系搭建策略师。截至 2020 年 12 月，其共服务了 1100 多家知名品牌，主做品牌全年运营规划，动销招商裂变。

侯海玲（微信号 HHLLJX888），业绩倍增规划师，团队激发心灵导师，招商自循环裂变体系创始人，线下内训千人场"成交女王"。

周微亮（微信 ZWL—1027），成交型演说倡导者，微谷国际投资合伙人，主讲内训课程有"绝对成交风暴""销讲演说风暴""招商兵法"。

杜舒杭（微信 18867957805），大奔将帅堂大师兄、韩国留学生、闪电百万富翁总架构师、招商演说实战专家，直播电商运营专家，主讲课程有"超级演说家""招商风暴""心理学销售""狼性团队""超级主播创造营"。

豆豆宝（微信 18968358902），米友圈合伙人，米菲爆咖联盟创始人，单月销售额 1300 万元，拥有 40 多家线下体验店，米菲团队建设功勋人物，米友圈最具影响力人物，米友圈杰出团队领导，米菲体验店执行董事。